zum Verräter
geworden sind
Ich werde
es jedenfalls
nicht.

# Starke Frauen
### in der Lichtenburg

mitteldeutscher verlag

*Bibliografische Information der Deutschen Nationalbibliothek:* Die Deutsche Nationalbibliothek registriert diese Publikation in der Deutschen Nationalbibliografie; detaillierte bibliografische Daten im Internet unter https://dnb.de. ◆ Alle Rechte vorbehalten. Das Werk ist urheberrechtlich geschützt. Jede Verwertung außerhalb der Freigrenzen des Urheberrechts ist ohne Zustimmung des Verlages unzulässig und strafbar. Das gilt insbesondere für Vervielfältigungen, Übersetzungen, Mikroverfilmungen und die Einspeicherung und Verarbeitung in elektronischen Systemen. ◆ *Konzeption, Recherche, Gestaltung, Satz und Illustrationen:* Petra Reichenbach *Großformatige Fotostrecken:* Matthias Ritzmann ◆ *Wir bedanken uns bei den Autor:innen* Elke Stolze, Christine Pieper, Tino Simon, Ulrike Sträßner, Katrin Keller, Ute Essegern, Silke Herz, Ariane Bartkowski und Ines Janet Engelmann. ◆ *Lektorat:* Ines Janet Engelmann, Melanie Engler, Mitteldeutscher Verlag ◆ *Herstellung:* Mitteldeutscher Verlag ◆ 1. Auflage ◆ © 2023 mdv Mitteldeutscher Verlag GmbH, Halle (Saale), www.mitteldeutscherverlag.de Printed in the EU ◆ ISBN 978-3-96311-817-3

Starke Frauen in der Lichtenburg

Herausgegeben
von Petra Reichenbach in Kooperation mit der
Stiftung Gedenkstätten Sachsen-Anhalt

mitteldeutscher verlag

**Vorwort von Elke Stolze**

INMITTEN DER ELBAUEN-LANDSCHAFT mit ihren weitläufigen Wiesen und Äckern, zwischen Torgau und der Lutherstadt Wittenberg, erhebt sich am Ostufer der Elbe die Silhouette der Stadt Prettin. Einst eine kleine Ackerbürgerstadt ist sie heute ein Ortsteil der Stadt Annaburg. An ihrer Ostseite erhebt sich eine Renaissanceanlage, deren Ausmaß ebenso überrascht wie ihre Geschichte, die wechselvoller und widersprüchlicher kaum sein kann. Auf ehemaligem Klostergelände im letzten Drittel des 16. Jahrhunderts als Residenzschloss erbaut, diente es 130 Jahre als Witwensitz sächsischer Kurfürstinnen und im 18. Jahrhundert dem Dresdner Hof als Kammergut, wurde dann Strafanstalt und Konzentrationslager für Männer und Frauen, war später auch LPG-Standort, Lehrlingswohnheim und ist inzwischen Gedenk-, Begegnungs- und Lernort.

Ein Ort, der Geschichte von Frauen und Männern in vielfacher Hinsicht spiegelt. Die unterschiedlichen Nutzungen haben sichtbare Spuren hinterlassen, so manche aber auch überdeckt oder sie sind verblasst wie die erst vor einiger Zeit freigelegten historischen Wand- und Deckenmalereien in den als Frauengemächer bezeichneten Räumen des Schlosses.

Mit ihrer im Rahmen des heimatstipendiums#2 der Kunststiftung des Landes Sachsen-Anhalt entstandenen Multimedia-Installation *Starke Frauen in der Lichtenburg* greift Petra Reichenbach den vorhandenen Spannungsbogen des Ortes auf und ermöglicht über biografische Zugänge Einblicke in weibliche Lebensräume, Rollenzuweisungen und Selbstverständnis ebenso wie in Lebenswirklichkeiten von Frauen, deren Rahmenbedingungen und Gestaltungsräume verschiedener Zeitepochen. Während fünf Frauenportraits zu einer Zeitreise in die Entstehungszeit der Schlossanlage und Nutzung als Witwensitz einladen, stehen fünf weitere beispielhaft für unterschiedliche Gründe ihrer Verfolgung und Inhaftierung im Frauen-KZ Lichtenburg durch die Nationalsozialisten.

Eingebettet in dynastische Verpflichtungen und Verantwortung sucht Kurfürstin Elisabeth von Brandenburg angesichts der Auseinandersetzungen um die Reformation und ihres persönlichen Bekenntnisses Schutz und Unterstützung in Kursachsen. Anna von Sachsen gilt nicht nur als Ideengeberin für den Schlossbau, sie sorgte auch für einen bemerkenswerten Aufschwung von Gartenbau, Landwirtschaft und Handwerk. Dank ihres Interesses für Heilkunde galt allen, die Heilkräuter sammelten, ihr besonderer Schutz. Auch das Wirken der Kurfürstinnen Hedwig, Anna Sophie und Wilhelmine Ernestine von der Pfalz war förderlich für die regionale Entwicklung, Bildung, Musik und Kultur.

Stellvertretend für die von den Nationalsozialisten wegen ihres Glaubens, ihrer politischen Überzeugung und anderen meist fadenscheinigen Gründen verfolgt, inhaftiert, gepeinigt im Frauen-KZ Lichtenburg stellen sich Lotti Huber, Lina Haag, Amalie Pellin, Olga Benario und Waldfrieda Weiss vor. Ihre Geschichten bezeugen Mut, Kraft, Menschlichkeit, Zweifel, Hoffnung und Zuversicht.

Folgen Sie der Einladung nach Prettin, die sich überlagernden Stimmen der Frauen zu hören und einzutauchen in ihre Lebenswirklichkeiten. Das Buch in Ihren Händen ermöglicht vertiefende Einsichten in Zusammenhänge, persönliche neue Entdeckungen, Impulse für eigene Fragestellungen an Geschichte oder auch bei der Suche nach Antworten für die Gegenwart und Zukunft.

Neugier und Freude auf Ihrer Entdeckungsreise wünscht

*Dr. Elke Stolze*

◆ Die Tür zum Wendelstein führt zu den Frauengemächern hinauf. © Matthias Ritzmann für die Kunststiftung Sachsen-Anhalt

◆ »In diesem ehemaligen KONZENTRATIONSLAGER litten und starben Menschen, weil sie gegen ein System der Gewalt für den Frieden kämpften.« – Die Inschrift neben dem Haupttor des ehemals prächtigen Schlossensembles aus der Renaissance erinnert an die spätere Umnutzung des Schlosses.
© Matthias Ritzmann

◆ Blick aus dem ehemaligen Schlossgarten: Ein Übergang verbindet die Schlossgebäude aus dem 16. Jahrhundert mit der Strafanstalt aus dem 19. Jahrhundert.
© Matthias Ritzmann

◆ Der Altar in der Lichtenburger Schlosskirche St. Annen wird auf die Zeit 1612/13 datiert, geschaffen im Auftrag von Kurfürstin Hedwig durch Sebastian Walther nach Entwürfen Giovanni Maria Nossenis. Er gilt als eines der bedeutendsten Werke der mitteldeutschen Skulptur um 1600 und zeigt in der Imitation kostbarer Baugesteine diverse Parallelen zu der Raumfassung. Seine grundlegende Restaurierung steht wie die der gesamten Schlosskirche noch aus. – Links im Bild die Kanzel, rechts die Orgel.
© Matthias Ritzmann für die Kunststiftung Sachsen-Anhalt

◆ Von der Schlosskirche führt eine Empore direkt in die ehemaligen Frauengemächer. Wandmalereien verschiedener Nutzungsphasen, wie die Darstellung links aus dem 17. Jahrhundert, haben sich in vielen Bereichen des Schlosses erhalten.
© Matthias Ritzmann für die Kunststiftung Sachsen-Anhalt

◆ Das Modell der Lichtenburger Schlossanlage vermittelt das Aussehen der Anlage Mitte des 17. Jahrhunderts zur Zeit der kurfürstlichen Nutzung. Es steht wegen Restaurierungsarbeiten, die im Jahr 2023 begannen, derzeit in den nördlichen Frauengemächern.
© Matthias Ritzmann

◆ Direkt über den Frauengemächern befanden sich in zwei übereinanderliegenden Stockwerken die Schlaflager der Häftlinge. Im Hintergrund die originale Tür des Schlosshaupteingangs.
© Matthias Ritzmann

◆ Blick aus dem Schloss auf den Nordhof, der im Nationalsozialismus als Appellplatz diente. Im Hintergrund die heutige KZ-Gedenkstätte.
© Matthias Ritzmann

Christine Pieper und Tino Simon

# Rückzugsort der Kurfürstinnen, Arbeitssaal und Getreidelager – die Frauengemächer im Schloss Lichtenburg

DIE VERGANGENEN JAHRHUNDERTE haben im Schloss Lichtenburg in Prettin ihre Spuren hinterlassen, Generationen von Bewohnern und Nutzern prägen die Räume und veränderten sie. In keinem anderen Teil der Schlossanlage lässt sich dies so deutlich nachvollziehen, liegen die verschiedenen Zeugnisse der Zeiten so sichtbar über- und nebeneinander, wie in den sog. Frauengemächern. Dabei handelt es sich um eine Abfolge von drei unterschiedlich großen Räumen im Flügel E (Kirchflügel), die in unmittelbarem Zusammenhang mit der Schlosskirche St. Annen stehen. Ihr Name leitet sich aus der Bezeichnung der Räumlichkeiten in den Inventaren ab 1585 ab, die sich im sächsischen Hauptstaatsarchiv Dresden noch erhalten haben. Dort werden die Zimmer u.a. als *Der Frauen Gemach* oder *Der Frauen Zimmer Stuben* bezeichnet. Sie waren ursprünglich der Nutzung durch die Frau – ehemals in Person der Bauherrin Anna von Sachsen, später ihrer Nachfahrinnen – vorbehalten.[1] Es handelt sich jeweils um einen größeren Raum im Süden und Norden, sowie ein sehr schmales Zimmer in deren Mitte. Ersteren kommt eine besondere Funktion zu, da sie durch je eine Tür den direkten Zugang zur Schlossempore und damit die Teilnahme am Gottesdienst ermöglichten. Sie dienten vermutlich auch der unmittelbaren Vorbereitung auf die Messe. Besonders in Raum A (südlicher Raum) erkennt der Besucher an drei Wänden noch umfangreichen Bestand an Wandmalereien ◆1. Was zunächst aus einem Guss erscheint, offenbart sich bei näherer Betrachtung als vielschichtiges Konglomerat, das unterschiedliche Bildebenen nebeneinanderstellt und unterschiedlichen Zeitphasen zuzuordnen ist. Dieser heterogene Zustand wurde hier erst im Jahr 1986 im Zuge einer Freilegungskampagne geschaffen. Sie stand in Zusammenhang mit der unvollendet gebliebenen Nutzbarmachung der Räume für das Schlossmuseum. Ähnliches gilt für die beiden daran anschließenden Räume, deren aktuell sichtbarer Bestand an Raumfassung entlang der Wände eine Folge von restauratorischen Sondierungen und Freilegungen im Zuge zweier Diplomarbeiten an der Fachschule Potsdam war, die 1991 stattfanden.[2] Aufgrund der e. g. besonders hohen Befunddichte wollen wir uns an dieser Stelle zunächst v. a. dem südlichsten Raum (Raum A) stellvertretend näher widmen.

◆1
Ansicht des Raumes A, südliches Frauengemach.
© Tino Simon

[1] Vgl. ESSEGERN, *Ute: Fürstinnen am kursächsischen Hof. Lebenskonzepte und Lebensläufe zwischen Familie, Hof und Politik in der ersten Hälfte des 17. Jahrhunderts*, Institut für Sächsische Geschichte und Volkskunde e.V., BÜNZ, Erwin/MÜLLER, Winfried/SCHATTOWSKY, Martina/SEIFERT, Manfred (Hrsg.), Leipzig 2007, S.113f. und Sächsisches Staatsarchiv, 100136 Finanzarchiv, Rep. A25aI, I Nr. 2253.

[2] Vgl. SCHIRRWAGEN, Ralph/HELLE, Oliver: *Untersuchung zur Fassungsabfolge der Ostwand im nördlichen Raum und der Ost- und Westwand im mittleren Raum im 1. Obergeschoss des sog. »Mühlenflügel« (D3) des Renaissanceschlosses Lichtenburg in Prettin*, unveröffentlichte Abschlussarbeit, Mentoren: SCHULZ, Andreas/KLENNER, Christian, Fachschule für Werbung und Gestaltung Potsdam, Fachbereich Restaurierung, 1991; SCHULZ, Andreas: *Dokumentation zur Untersuchung und Erarbeitung einer Restaurierungskonzeption des Raumes A im Flügel D3 in der ersten Etage des Renaissanceschlosses Lichtenburg zu Prettin*; Prettin, unveröffentlichter Arbeitsbericht, 1986, zur Verfügung gestellt durch Andreas Schulz.

Der annähernd quadratische Raum hat eine Größe von ca. 66 m², seine Höhe liegt bei ca. 4,80 m. Er wird durch eine in jüngerer Zeit wieder eingefügte Tür von einem Flur aus erschlossen, der im Zwickel zwischen dem Haupt- und dem Kirchflügel liegt. Dass der Zugang ursprünglich hier gelegen haben mag, ergibt sich womöglich anhand der im Flur darüber noch erkennbaren, schemenhaften Malereibefunde, die Ansätze einer Portalrahmung nachvollziehen lassen. In den Raum eingetreten ziehen sofort die umfangreichen Wandmalereien auf der Ostseite den Blick auf sich. Durch eine rundbogige Türöffnung in der gleichen Wand kann der Besucher auf die Empore der Kirche treten. Ebenso wird diese Seite durch zwei fast raumhohe rundbogige Nischen gegliedert, von denen eine in späterer Zeit vermauert wurde. Der überkommene Wandmalereibestand setzt sich in sehr unterschiedlichem Erhaltungszustand an der Süd- und Westwand fort. Eine sog. Stulptafeldecke mit Kassettenfeldern schließt den Raum nach oben hin ab. Die Trennwände zwischen den Räumen entsprechen der bauzeitlichen Position. Allerdings wurden sie nach Abbruch Ende des 19. Jahrhunderts erst 1991 vollständig neu errichtet.

Die Raumhülle entstammt der Erbauungszeit unter Kurfürst August von Sachsen, der mit der großartigen Schlossanlage einen würdigen Witwensitz für seine Gemahlin Anna von Dänemark errichten ließ. Die Bauarbeiten begannen 1565.³ Die Kurfürstin verstarb jedoch im Jahr 1585 – nur drei Jahre nach Fertigstellung des Schlosses und bereits ein Jahr vor ihrem Mann. Die angedachte Funktion des Hauses als Witwensitz kam daher nicht zustande. Die Ausgestaltung der Innenräume war zu diesem Zeitpunkt wohl bereits abgeschlossen.⁴ Die Wände des vorderen Frauengemachs zeigten in der oberen Zone ein grünes Rankenwerk über den Rundbögen der Fenster, korrespondierend dazu eine grün- und ockerfarbene Rankenmalerei an den Deckenfeldern ◆2. Für die unteren Wandzonen lässt sich keinerlei Bemalung nachweisen. Entsprechende Hilfsmittel zur Befestigung und verschiedene Negativabdrücke in der Oberfläche legen eine ehemals vorhandene Holzvertäfelung o. ä. bis auf eine Höhe von ca. 1,80 m sehr nahe.

Nicht einmal dreißig Jahre später, im Jahre 1611, bezieht Kurfürstin Hedwig nach dem Tod ihres Gatten Christian II. von Sachsen die Lichtenburg.⁵ Das Schloss erhält nun für die kommenden Jahrzehnte seine einst angedachte Nutzung. Hedwig prägt nicht nur das Leben in der Region, sondern auch das Schloss selbst. Die Abschrift der erweiterten Erbauungsurkunde gibt an, Hedwig habe das Schloss mit »Mahlwergk und andern schönen sachen getzieret und sonstten Renovieret«⁶. Sie lässt zahlreiche Umbauten vornehmen und stattet das Haus nach ihren Wünschen aus. Dies spiegelt sich in besonderem Maße auch im vorderen Frauengemach wider. Ihr eigen ist die Kennzeichnung fast all ihrer baulichen Zutaten mit den Anfangsbuchstaben C und H (Churfürstin/Christian und Hedwig) und/oder den entsprechenden Positionen der Buchstaben im Alphabet: 3 und 8.⁷ Die Gestaltungsphase unter Hedwig ist für den Raum heute bildprägend. Dies beginnt bereits an der Decke. Wendet man den Blick nach oben, erkennt man perspektivisch gemalte, gotisierende Maßwerkfelder in zwei unterschiedlichen bauplastischen Ausführungen ◆3. Sie öffnen den Blick in einen imaginären blauen Himmel. In jedem Feld findet sich in der Mitte ein vergoldeter Stern. Die Balken wurden dazu mit Beschlagwerk und verschiedenen Natursteinimitationen versehen. Interessant ist hierbei und im Folgenden hinsichtlich der a. a. St. erläuterten Gestaltungspraxis des nördlichen Frauengemachs, dass die Motivik der Malereien an Balken und Stulpbrettern⁸ sich in hohem Maße an der

---

3 Inschrift oberhalb des Eingangs am Turm sowie vgl. ALTERTUMS-VEREIN TORGAU: 23. Sitzung vom 26. Februar 1890. Mitteilungen des Baurats Pietsch über mehrere im Turmknopf des Schlosses Lichtenburg bei dessen Erneuerung gefundene Akten, die sämtlich auf Pergament geschrieben sind; in: Veröffentlichungen des Altertums-Vereins zu Torgau VII. (Für das Jahr 1893.), Torgau 1894, S. 61; KRAUSE, Hans-Joachim (Bearb.): Prettin; in: Handbuch der deutschen Kunstdenkmäler Sachsen-Anhalt. Bearbeitet von der Abteilung Forschung des Instituts für die Denkmalpflege. Band 2 von 2: Sachsen-Anhalt, Regierungsbezirke Dessau und Halle; Dehio-Vereinigung. Wissenschaftliche Vereinigung zur Fortführung des kunsttopographischen Werkes von Georg Dehio (Hrsg.), München/Berlin 1999, S. 669.

4 Vgl. ALTERTUMS-VEREIN TORGAU 1894 (wie Anm. 3), S. 61.

5 Vgl. ESSEGERN 2007 (wie Anm. 1), S. 75 und S. 107.

6 ALTERTUMS-VEREIN TORGAU 1894 (wie Anm. 3), S. 62.

◆2 Detail eines Deckenfeldes im südlichen Frauengemach mit unter der Sichtfassung erhaltener grüner Rankenmalerei aus der Erbauungszeit.
© Christine Pieper

◆3 Ausschnitt der Deckenfläche des südlichen Frauengemachs mit illusionistisch gemalten Maßwerken, dat. 1611–1641.
© Christine Pieper

7  Zu den Umgestaltungen gehören u. a. die Neuausmalung und -ausstattung der Schlosskirche von 1612/13, die Portale des Schlosses von 1615 und der Neptunbrunnen von 1631. Einerseits ist dies gut an besagtem Monogramm zu erkennen, andererseits wird es in den folgenden Quellen stets angeführt. Vgl. auch GRÄBNER, Werner: Die Lichtenburg, eine vergessene Schlossanlage der deutschen Renaissance, Kopie (Maschinenschrift) im Archiv des Landesamt für Denkmalpflege und Archäologie Sachsen-Anhalt, Akte AA320 1984*, Dresden um 1953 (Angabe nach KRAUSE 1993 (wie Anm. 3), S. 154), S. 10; DÜLBERG, Angelica: Residenzen und Refugien. Die Schlösser in Torgau, Dresden, Annaburg, Augustusburg und Prettin; in: Mit Fortuna übers Meer. Sachsen und Dänemark – Ehen und Allianzen im Spiegel der Kunst (1548 - 1709); Ausstellungskatalog zur gleichnamigen Ausstellung der Staatlichen Kunstsammlungen am 24. August 2009 bis 4. Januar 2010; KAPPEL, Jutta (Hrsg.), Dresden 2009, S. 52f.

8  Stulp, der – von Stulpe (n.), stülpen (v.), meint das zwischen zwei Tafeln eingeschobene schmale Brett, das diese mit einer beidseitig ausgeführten Nut einfasst, überstülpt.

Vorgängerfassung Annas orientierten, diese im Wesentlichen nur farblich differenzierten. Insgesamt wird eine steinerne Decke suggeriert. Dieses Motiv der optischen Illusion wurde entlang der Wände ebenfalls aufgegriffen. Zwischen steinernen Arkaturen öffnen sich Blicke in Landschaften und Räumlichkeiten. Das Rundbogenportal zur Schlossempore wird gleichsam in die Bildebene der Malereien einbezogen. Zusätzlich finden sich zahlreiche Darstellungen von mitunter exotischen Tieren und Menschen ◆ 4 + 5. Hier sei insbesondere die nahezu stilllebenartige Aneinanderreihung der Tiere (u. a. Affen) an der Ostwand, der aus einem Kellerverlies heraufblickende Wolf (?) und vor allem der kleine Junge zu nennen, der oberhalb der Türöffnung zur Schlosskirche auf einem gemalten Balkon steht. Entgegen dem ersten Eindruck ist er nicht als singuläre Besonderheit zu verstehen – haben doch die Untersuchungen der vergangenen Jahre deutlich gezeigt, dass er nicht die alleinig dargestellte Person im Raum ist. Allerdings ist er die einzige Figur, die mit den Buchstaben V. G. G. I. G. H. Z. M. B. neben seinem Kopf genauer bezeichnet wird. Es gibt für die Auflösung der Buchstaben verschiedene Erklärungsmodelle. Das bisher naheliegendste ist, dass es sich um den Ziehsohn Hedwigs Johann Georg Herzog zu Mecklenburg handelt. Auch aus den Inventaren des Schlosses von 1611 und 1640 geht hervor, dass es zu Hedwigs Zeit Räume mit den Bezeichnungen Perpektivstuben, Der jungen Prinzen Gemach und der jungen Herren Gemach gegeben hat. Sie seien von Hedwig für die adligen Kinder und die hochadligen Gäste eingerichtet worden.⁹ Der Raum scheint für Hedwig somit einen besonderen Stellenwert besessen zu haben, da nach aktuellem Kenntnisstand nur dieser so tiefgreifend und dem Geschmack der Zeit entsprechend umgestaltet wurde.

◆ 4 (links)
Ausschnitt der Wandmalerei aus der Zeit Hedwig von Sachsens im Bereich der Ostwand u. a. mit Tierdarstellungen.
© Christine Pieper

◆ 5 (oben)
Ausschnitt der Wandmalerei aus der Zeit Hedwig von Sachsens oberhalb der östlichen Tür mit der Darstellung eines Jungen.
© Christine Pieper

9  Vgl. ESSEGERN 2007 (wie Anm. 1), u. a. S. 111 und 113f. mit Bezug auf die Inventare Sächsisches Staatsarchiv, Loc. 10553/1, Lichtenburgische Wittumssachen 1611 ff und darin Inventarium Vber die Silber Cammer, Ist von Christoff Heinißen vbergeben worden den 3. Jan. 1640.

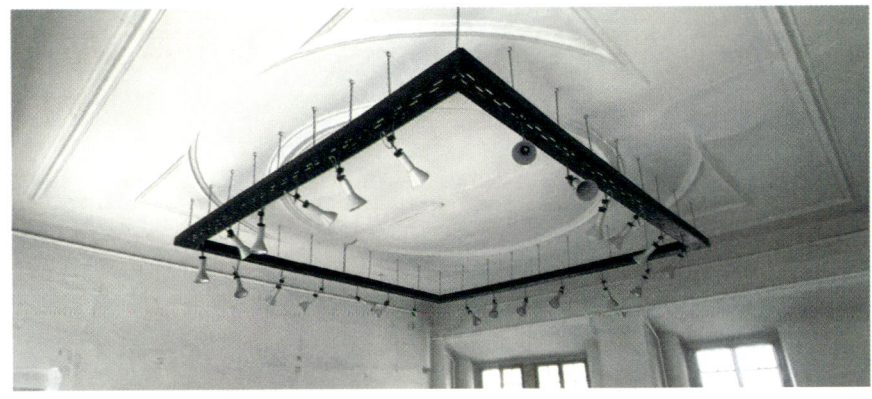

◆ 6
Ansicht einer Stuckdecke im ersten Obergeschoss des Hauptflügels aus der Zeit um 1700. © Tino Simon

◆ 7
Blick in die Südostecke des südlichen Frauengemachs mit einer Landschaftsdarstellung aus der Zeit um 1700. © Christine Pieper

Nach Hedwigs Tod im Jahr 1641 nutzt der sächsische Hof die Schlossanlage zunächst nur unregelmäßig. Erst die Mutter August des Starken, Kurfürstin Anna Sophia von Sachsen, wählte erneut den Ort als Witwensitz aus. Auf ihren Wunsch bezog zunächst ihre Schwester Wilhelmine Ernestine, Prinzessin von Dänemark, im Jahr 1685 Schloss Lichtenburg, nachdem ihr Mann Kurfürst Karl von der Pfalz verstorben war. Sechs Jahre später folgte ihr Anna Sophia nach dem Tod des sächsischen Regenten Johann Georg III. Mehrere Jahrzehnte lebten beide bis zu ihrem Tod in der Lichtenburg.[10] Geänderte Ansprüche an den Wohnkomfort führten in o. g. Raum zu erneuten Umgestaltungen. Hierzu gehören bauliche, wie der Einzug einer Stuckdecke. Gegebenenfalls war diese ähnlich gestaltet, wie ein Exemplar dieser Zeit, das sich in einem weiteren Raum des ersten Geschosses noch erhalten hat ◆6. Die rechte Nische der Ostwand wurde vermauert, um als Abzug für einen davor installierten Ofen zu dienen. Die umfangreichen Rußspuren in der südwestlichen Raumecke verweisen auf eine längerfristige Nutzung und legen nahe, dass der Raum nun wohl auch in der kälteren Jahreszeit einen dauerhaften Gebrauch hatte. Im Umfeld dieses ehemaligen Ofenstandortes hat sich eine zu dieser Zeit ausgeführte Landschaftsmalerei mit Tieren und Menschen erhalten ◆7. Sie zeigt einen Ausblick, der sich in illusionistischer Weise über flache, in Stein gemeinte Balustraden bietet, den Raum gänzlich auflöst und von seinen architektonischen Grenzen befreit. Es ist davon auszugehen, dass die e. g. Landschaftsmalereien an den übrigen Wandflächen zeittypisch auf textilen Bildträgern weitergeführt wurden. Die als Wandmalerei erstellten e. g. Balustraden haben sich durchlaufend fast nahezu im gesamten Raum erhalten und tragen heute insbesondere zur verfremdeten Wahrnehmung der Vorgängerfassung bei. Die Landschaftsmalerei ist in ihrer ästhetischen Wirkung heute nicht nur ein flächenmäßiges Fragment, sondern auch ihre ursprüngliche ästhetische Wirkung wurde durch die Spuren der Zeit stark verfremdet. Ihr eigen ist eine Unterlegung insbesondere der grünen Farbflächen und des nach oben an die Decke angrenzenden floralen Frieses mit Schlagmetallblättern aus Messing. Hierdurch hat sich mit Sicherheit eine heute nur noch schlecht nachvollziehbare Gesamtwirkung ergeben, die von metallisch glänzender und/oder glitzernder Erscheinung war.

Mit dem Tod der Schwestern endet die glanzvolle Geschichte des Schlosses als Witwensitz und nur wenige Jahrzehnte später beginnt die düstere Phase der Schlossgeschichte, zunächst mit der Umnutzung zur Haftanstalt ab 1812. Notwendige Umbaumaßnahmen führten in den nächsten Jahrzehnten zu massiven Eingriffen in die Bausubstanz des Schlossensembles. **Die Frauengemächer – ob gewollt oder ungewollt – behielten weiterhin eine bevorzugte Rolle.** So wurden die Räume zunächst als Wohnung des Arbeitsinspektors in Gebrauch genommen.[11] Im Laufe der Jahre wurden sie auch als Schulstube der Weiber, Lazarett oder Schlafsaal der jugendlichen Gefangenen verwendet.[12] Die Raumstruktur erhielt dabei ohne Rücksicht auf den historischen Bestand Anpassungen an die nötigen Bedürfnisse. Die o. g. Leinwandtapeten wurden entfernt, die Wände aufgespitzt und so für einen neuen Putzauftrag vorbereitet. Sehr wahrscheinlich hat man den Bestand an Wandmalereien damals nicht mehr gesehen oder nicht mehr zur Kenntnis genommen. Letztlich erfolgte spätestens ab 1901 die Einrichtung eines großen Arbeitssaales für Zigarrenmacher.[13] Damit war der Abbruch der Trennwände zwischen den drei Räumen verbunden. Um die statische Funktion wiederherzustellen, finden sich seither in den beiden größeren Gemächern Stützen, die die Last der Deckenbalken abfangen ◆1. Im Laufe

---

[10] ESSEGERN 2007 (wie Anm. 1), S. 111 und Altertums-Verein Torgau 1894 (wie Anm. 3), S. 62. Wilhelmine Ernestine von der Pfalz verstarb am 23. April 1706, Anna Sophie von Sachsen verstarb am 01. Juli 1717. Für die Beisetzung der Schwestern war eine monumentale Gruftanlage in der Schlosskirche errichtet worden, die seit 1812 mitsamt den Särgen in der Fürstengruft des Freiberger Doms St. Marien befindet.

[11] *Vgl.* LANDESHAUPTARCHIV SACHSEN-ANHALT, *Plankammer Merseburg, Rep. C 48 IX Nr. K 115c.*

[12] *Vgl.* LANDESHAUPTARCHIV SACHSEN-ANHALT, *Plankammer Merseburg, Rep. C 48 IX K92c.*

[13] *Vgl.* GEHEIMES STAATSARCHIV BERLIN, *Strafanstalten und Gefängnisse in Preußen. Strafanstalt Lichtenburg. Ministerium des Inneren. Blatt 54.*

des Bestehens der Strafanstalt erfolgten ebenso diverse Umgestaltungen an Decken und Wänden. In dieser Zeit wird auch die o. g. Stuckdecke entfernt und durch eine einfache Bretterverschalung mit Putz ersetzt. Aufwändigere Gestaltungssysteme wie sie noch um 1822 in Form stiltypischer, floral-ornamentaler Friese für den Arbeitsinspektor ausgeführt wurden, wechselten zu einfacheren und zunehmend monochromen Wandgliederungen unterschiedlicher Farbigkeit. Sie waren dem Wandel des Zeitgeschmacks ebenso wie dem Ernst der Nutzung unterworfen, angepasst und sukzessive schmucklos.

Mit Schließung der Strafanstalt im Jahr 1928 beginnt die wohl dunkelste Zeit der Schlossanlage, als nach mehrjährigem Leerstand ab 1933 die Einrichtung des Konzentrationslagers Lichtenburg erfolgte. Es fällt schwer, diese Zeitphase ohne ihren tragischen und menschenverachtenden Hintergrund zu betrachten. Allerdings soll die Hauptaufgabe des vorliegenden Textes die Darstellung der gestalterischen Zeitschichten und Spuren sein. So undenkbar es erscheinen mag, hat auch diese zeitlich begrenzte Nutzungsperiode Hinweise auf ihre ihr eigenen und durchaus zeittypischen Gestaltungsvorstellungen hinterlassen. Die nach dem Krieg erstellten Grundrisse verzeichnen eine Werkstatt, die in etwa der Nord-Süd-Ausdehnung des südlichen Raums entsprach und an die sich ein durchgängiger Arbeitssaal anschloss. Über die gesamte Länge wurde parallel zur Ostwand ein Flur abgegrenzt, der als Zugang der Gefangenen zur Kirche bezeichnet wird und im Übergang zum Zellenbau mündete.[14] Die damalige Gestaltungspraxis sah unabhängig von der Nutzung dennoch eine farbliche Behandlung der Wände vor, ebenso wurden noch einfache Wandgliederungen ausgeführt. Für das Schloss hat sich hier u. a. eine gelbockerfarbene Leitfassung erhalten, zu der im südlichen Raum zum Beispiel ein flacher roter Sockel und ein blaues Begleitband stand.[15]

Mit der Übernahme des Schlosses durch die landwirtschaftliche Produktionsgenossenschaft (LPG) nach dem Ende des Zweiten Weltkrieges waren u.a. die Frauengemächer und die Kirche selbst zur Lagerung von Getreide bestimmt. Um dieses effizient einbringen zu können, mussten die Decken in den Etagen partiell geöffnet und Getreideschütten ein-

14 Siehe LANDESAMT FÜR DENKMALPFLEGE UND ARCHÄOLOGIE SACHSEN-ANHALT, Planarchiv, Grundrisse des Architekten Ferdinand Wurm von 1954, Blatt: Gebäude D3, 1. Obergeschoss, Sig. 19085 45/Q/65a.

15 Vgl. PIEPER, Christine: Die Wandmalereien des südlichsten Frauengemachs (Raum A) des ersten Obergeschosses in Schloss Lichtenburg, 06925 Prettin (Sachsen-Anhalt), unveröffentliche Diplomarbeit an der Hochschule für Bildende Künste Dresden, Studiengang Kunsttechnologie, Konservierung und Restaurierung von Kunst- und Kulturgut, Fachklasse Konservierung und Restaurierung von Wandmalerei und Architekturfarbigkeit, Band 2 Fotodokumentation, Dresden 2011, S. 94ff.

◆ 8
Geometrische Gestaltung eines Deckenfeldes aus der Erbauungszeit im nördlichen Frauengemach.
© Tino Simon

gebaut werden.[16] Dies führte zum Verlust einiger Deckenfelder und zeigt sich heute an größeren Flächen mit holzsichtigen Ergänzungen. Trotz der verhältnismäßig ungeeigneten Verwendung der Bausubstanz zu diesem Zwecke bedingte sie eine dauerhafte Instandhaltung der Dächer, um die eingelagerten Rohstoffe zu schützen. **Erst mit der Einrichtung des Museums Schloss Lichtenburg und dem schrittweisen Auszug der LPG begann die sachgemäße und tiefergehende Erforschung und Erhaltung des historischen Baubestandes.** Geplant war ursprünglich auch die Einbindung der Frauengemächer in den Museumsrundgang. So wurden in den 1980er Jahren die jüngeren Decken aus der Strafanstalt entfernt, u. a. dadurch die renaissancezeitliche Bemalung darunter freigelegt und als eine der letzten Maßnahmen ein neuer Estrich ausgeführt. Kurz nach der politischen Wende konnten noch die fehlenden Zwischenwände neu aufgemauert und damit die historische Raumstruktur wiederhergestellt werden. Ob sich die Türen darin historisch auch an dieser Stelle befanden, bleibt jedoch spekulativ.[17]

Nach diesem verkürzten Zeitraffer durch die Nutzungsgeschichte der vergangenen Jahrhunderte wenden wir uns noch den zu Beginn genannten zwei weiteren Gemächern der Raumfolge zu. Auch hier lassen sich bei genauer Betrachtung die bisher beschriebenen Nutzungsphasen deutlich erkennen. Dennoch ist bei beiden Räumen die Gestaltung der Erbauungszeit wesentlich präsenter, was sich u. a. durch die fast unverändert überkommenen Deckenmalereien begründet.

Der hintere oder nördliche Raum ist mit ca. 85 m² das größte der Gemächer. Die Malerei an den Deckenbalken und den Zwischenbrettern weist einen hellgelben bzw. beigen Fondton auf. Sie zeigen bei näherer Betrachtung als Binnenstrukturierung eine weißfarbige Wickeltechnik. Die Untersichten der Balken werden u. a. in schmale, rechteckige Felder gegliedert, die mit gemaltem Beschlagwerk und ehemals roten Diamantquadern verziert sind. Die Kassettenfelder setzen sich mit einer schwarzen Rahmung kontrastierend zur Umgebung ab und zeigen zwei unterschiedliche, streng geometrisch konstruierte Ornamente ◆8. Zum einen handelt es sich um ein ockerbraunes Rankenornament auf weißem Grund. In der Mitte dieser Felder findet sich jeweils ein blauer Diamantquader. Zum anderen besitzt jede zweite Kassette viertelkreisförmige Segmente mit braunen Füllungen in den Ecken. Die Fondflächen sind als marmorimitierendes, beigegrünlich changierendes Steinstrukturbild gestaltet. Die Deckenmalerei steht auch hier in unmittelbarem Zusammenhang mit der Gestaltung der Wände. Erkennbar sind neben zwei allegorischen Gestalten eine aufwändig gemalte Fensterrahmung mit der Imitation zahlreicher kostbarer Gesteinsarten. Das nördliche Frauengemach lässt sich in seiner Wirkung somit am ehesten als *steinerner Saal* ansprechen. Die Qualität der Raumfassung scheint auch die Generationen nach Kurfürstin Anna von Sachsen beeindruckt zu haben, da sie im Wandbereich noch zweimal leicht variierend wiederholt und nicht zuletzt in der Schlosskirche wieder aufgegriffen wurde.

Der schmale, nur 32 m² messende, mittlere Raum beherbergt seit 2021 eine Multimedia-Installation der halleschen Künstlerin Petra Reichenbach mit dem Titel *Starke Frauen in der Lichtenburg*, die im Rahmen des Heimatstipendiums #2 entstanden ist.[18] Seine Wirkung auf den eintretenden Besucher ist eine völlig andere. Aufgrund seiner geringen Raumgröße und der Funktion als Durchgangszimmer durchschreiten ihn Besucher zumeist zügig, ohne ihm mehr Aufmerksamkeit zu schenken. Durch das einzige Fenster auf der Westseite wirkt er zudem dunkler als die beiden anderen Räume. Dennoch überzeugt

**16** *Vgl.* ARCHIV DES LANDESAMT FÜR DENKMALPFLEGE UND ARCHÄOLOGIE SACHSEN-ANHALT, *Ortsakte AA320 1907–1959, AA320 1959–1963, Briefwechsel des Jahres 1959* und vgl. *Ortsakte AA320 1976–1979, Protokoll über die Begehung des Objektes Schloss Lichtenburg am 01.07.1976 von Dr. Glaser.*

**17** *Vgl.* SCHIRRWAGEN, *Helle* 1991 (wie Anm. 2), S. 141; SCHULZ 1986 (wie Anm. 2), Blatt 27. Des Weiteren gehen Art und Umfang diverser Baumaßnahmen aus historischen Fotografien z. B. des Kreisarchiv Wittenberg, Karton 3 mit diversen Fotografien hervor.

**18** https://heimatstipendium.kunststiftung-sachsen-anhalt.de/petra-reichenbach/ [12.03.2023].

◆ 9
Westlicher Abschnitt der Decke des mittleren Frauengemachs mit Malereien der Erbauungszeit. © Tino Simon

auch das mittlere Gemach durch seine ablesbar überkommene Gestaltung der Renaissance. Im Gegensatz zu den angrenzenden Zimmern stellt sich die Deckenmalerei hier als lockere, in Art einer Theatermalerei geprägte Inszenierung dar ◆ 9. Grundlegender Farbton ist ein warmes Ockerbraun mit stark farbigen Akzenten in Blau und Grün. Die Motive der Felder wechseln wiederum schachbrettartig ab. Es handelt sich um Beschlagwerkmalereien, in deren Zentrum jeweils ein grüner Diamantquader oder ein ovaler, dunkelblauer Schmuckstein dargestellt ist. In einem der Motive sind die Ecken zusätzlich noch mit blauen Muscheln betont. Dass die Farbe Rot auch hier fester Bestandteil der Komposition war, zeigt der Befund eines dunkelroten Farblacks auf den Stulpbrettern und den Balkenunterseiten. Die ehemals einheitliche Raumgestaltung mit der Verbindung von Wand- und Deckenmalerei ist hier noch im Fensterbogen sichtbar. Die dort freigelegte bauzeitliche Gestaltung belegt eine farblich passende Rollwerkmalerei in Ocker- und Brauntönen ◆ 10. Diese wird beiderseits der Fenster durch rudimentär erhaltene, fahnentragende Figuren begleitet.

◆ 10
Ausschnitt der Wandmalereien über dem Fensterbogen aus der Erbauungszeit im mittleren Raum.
© Christine Pieper

Der Förderverein Schloss und Gedenkstätte Lichtenburg e. V. bemüht sich seit 2012 kontinuierlich um eine Weiterführung der Konservierungsmaßnahmen und damit für einen langfristigen Erhalt des Bestandes an Wand- und Deckenmalereien. Die zwingend notwendige Entwicklung langfristiger Sicherungskonzeptionen und Erhaltungsstrategien wurde mehrfach mit fachlicher und finanzieller Beihilfe seitens des Landesamtes für Denkmalpflege und Archäologie Sachsen-Anhalt unterstützt. Darüber hinaus beteiligen sich alle Akteure vor Ort dankenswerter Weise mit den ihnen zur Verfügung stehenden Mitteln, um eine aktive Mithilfe bei der Vorbereitung und Umsetzung der o. g. Maßnahmen. Trotz aller Arbeiten und Erfolge werden die Frauengemächer bislang nur temporär genutzt – eine dauerhafte Einbindung in die Museumsgestaltung steht weiterhin aus. Die nun im mittleren Frauengemach gezeigte Installation ist dahingehend eine große Bereicherung für das Raumensemble und stellt erstmalig in der musealen Ausstellung eine Verbindung der Räume zwischen der Kurfürstinnenzeit und der tragischen NS-Geschichte dar.

# dan er ich mych under ewers her vatters gewalt ader tyranerrey wyder umb begeben wolde ich vyl lieber sterben dane leben *

*  Das heißt so viel wie: »Ich würde lieber sterben, als mich [wieder] in die Gewalt und Tyrannei eures Vaters [ihres Mannes] zu begeben.« Landeshauptarchiv Schwerin (LHAS) 2.11-2/1, Acta externa, Nr. 1924: Kurfürstin Elisabeth von Brandenburg an Herzog Albrecht VII. von Mecklenburg am Donnerstag nach Maria Empfängnis 1529 aus Torgau.

### KURFÜRSTIN ELISABETH VON BRANDENBURG (1485–1555)

ICH WURDE 1485 ALS PRINZESSIN auf der dänischen Insel Fünen geboren. Mein Vater war König von Dänemark, Schweden und Norwegen. Mit knapp siebzehn heiratete ich Kurfürst Joachim I. von Brandenburg und brachte eine stattliche Mitgift in die Ehe. Ich schenkte ihm fünf Kinder, doch schon seit einer Weile teilten wir weder Tisch noch Bett. – Joachims zahlreiche Liebschaften hatten uns entfremdet. Zudem wollte er meinen geliebten Bruder, König Christian II. von Dänemark, nicht länger finanziell unterstützen. Dieser ging 1523 ins Exil nach Holland und auf Reisen um für militärische Hilfe zu werben.

Überhaupt, unsere beiden Familien! Außer meinem Bruder bekannten sich auch mein Onkel und mein Cousin schon lange zum Luthertum. Mit den prunkvollen Zeremonien der katholischen Priester konnte ich wenig anfangen. Die Schriften Luthers dagegen, die mein Leibarzt zu mir schmuggelte, habe ich verschlungen. Aber Joachim war gegen diese *Lutherische Ketzerei*. Als er erfuhr, dass ich an Ostern das Abendmahl auch auf evangelische Weise eingenommen hatte, also mit allen nicht nur Brot, sondern auch Wein teilte, war er außer sich vor Wut und setzte mir eine Frist, bis zu dieser ich allem Lutherischen abschwören sollte, sonst würde er mich auf immer wegsperren.

Ich vertraute mich meinen beiden Dienern an. Meine Hofdame Ursula und ich stahlen uns heimlich aus der Wasserpforte unseres Schlosses hinaus. Mit einem Kahn setzten wir über die Spree und stiegen weiter flussabwärts in einen Bauernwagen. Die Alarmglocke des Schlosses läutete Sturm, doch wir entkamen im nächtlichen Nebel. Im Morgengrauen erreichten wir Trebbin. Der Bauernwagen blieb zurück und wir ritten auf frischen Pferden den ganzen Tag hindurch. Hinter Luckenwalde konnte ich nicht mehr, vor Erschöpfung fiel ich fast aus dem Sattel. Ursula und ich waren solch lange Ritte nicht gewohnt – die Jagdausflüge zu Pferde, die wir sonst unternahmen, dauerten meist nur wenige Stunden!

Am nächsten Abend kamen wir in Jüterbog an. Der reformatorische Prediger Thomas Schneidewein gab uns sein Schlafzimmer zum Ausruhen. Noch vor Tagesanbruch ritten wir weiter und entkamen auch den Jüterboger Wachen. Endlich erreichten wir Torgau und das Schloss meines Onkels Johann von Sachsen. Mein mutiger Fluchthelfer Schneidewein ist später aus Rache von meinem Gatten nach Berlin verschleppt worden. Joachim hat von Onkel Johann meine sofortige Auslieferung verlangt – natürlich ohne auf meine Forderungen einzugehen. Er entzog mir mein Jahresgeld und so war ich auf die Hilfe meines Onkels angewiesen. Nach Joachims Tod bezog ich die Lichtenburg zu Prettin, die zu Johanns Besitz gehörte. So lebte ich neun Jahre auf der Lichtenburg, aber auch in Torgau und Wittenberg. Oft kamen Martin Luther und sein Glaubensbruder Melanchthon zu Besuch. Wir diskutierten viel über die kirchlichen Neuerungen, die für die Verbreitung der Reformation notwendig waren. Martin Luther wurde mir ein guter Freund und Berater. Wir waren ja fast gleichaltrig. Als ich einmal schwer krank wurde, pflegten mich seine Frau und er sogar über mehrere Monate gesund!

Nach siebzehn Jahren kehrte ich Kursachsen den Rücken und verbrachte den Rest meines Lebens in Spandau bei Berlin. – Inzwischen war endlich auch Brandenburg evangelisch geworden ...

**Kurfürstin Elisabeth von Brandenburg in den Mund gelegt von Petra Reichenbach**

Ulrike Sträßner

# *Flucht um des Glaubens willen? Flucht- und Exilmotive Kurfürstin Elisabeths von Brandenburg (1485–1555)*

DIE IN DER NACHT vom 24. auf den 25. März 1528 unternommene Flucht der brandenburgischen Kurfürstin Elisabeth hat großes Aufsehen erregt. Eine Fürstin, die in einer Nacht-und-Nebel-Aktion ihre Familie verlässt und sich freiwillig ins Exil begibt – das war im 16. Jahrhundert durchaus ungewöhnlich, skandalös und rechtfertigungsbedürftig. Und auch heute haftet der vielfach fantasievoll ausgeschmückten Geschichte[1] vor dem Hintergrund lang tradierter, gesellschaftlich tief verankerter Rollenerwartungen an Weiblichkeit und Mütterlichkeit noch etwas Skandalträchtiges an. Das bis in die Gegenwart reichende Narrativ über Kurfürstin Elisabeth haben maßgeblich die Historiker des 19. und frühen 20. Jahrhunderts geprägt, deren Forschung vornehmlich darauf ausgerichtet war, die Größe des Hauses Hohenzollern, den Aufstieg Brandenburg-Preußens und die Rolle des Protestantismus darzustellen.[2] Kurfürstin Elisabeth ist eine der wenigen Frauen, die in dieser Aufstiegserzählung überhaupt einen festen Platz zugewiesen bekam.[3] Sie wird dann thematisiert, wenn es aufzuzeigen gilt, dass auch Mitglieder des Kurhauses Brandenburg schon frühzeitig der lutherischen Lehre couragiert anhingen. Es kann getrost angenommen werden, dass Elisabeth ohne die religiös gedeutete Flucht wie viele ihrer Vorgängerinnen und Nachfolgerinnen lediglich eine kaum beachtete Randfigur in der brandenburgisch-preußischen Landesgeschichte geblieben wäre.[4]

◆ 1
Kurfürstin Elisabeth von Brandenburg, geb. von Dänemark, Norwegen und Schweden, in der Tracht einer Lutheranerin, die den akademischen Kleidungsstil der Wittenberger Reformatoren kopiert. Ein Bildnis, das zur Lebenszeit der Fürstin angefertigt wurde, ist nicht bekannt.
Heinrich Bollandt, um 1620, Öl auf Holz, Universitätsbibliothek Bayreuth, Inv. Nr. Pict. 26

1 *Die Flucht selbst ist aus den Quellen nur partiell rekonstruierbar. Sicher belegen lassen sich lediglich einzelne Stationen des Fluchtweges und einige Personen, die die Kurfürstin begleitet oder unterstützt haben. Dazu:* JACOBI, *Rudolf von: Die Flucht der Kurfürstin Elisabeth von Brandenburg, in: Hohenzollernjahrbuch (1909), S. 155-196, hier S. 166-169.*

2 *In Auswahl:* MARHEINEKE, *Philipp: Geschichte der teutschen Reformation, 2. Teil, 2. verb. Aufl., Berlin 1831, S. 361;* HELWING, *Ernst: Die Geschichte der Mark Brandenburg vom Tode des Markgrafen Waldemar bis zum Regierungsantritte des Kurfürsten Georg Wilhelm, Bd. 1, Abth. 2, Lemgo 1834, S. 607f;* GOESCHEL, *Carl Friedrich: Elisabeth Kurfürstin zu Brandenburg nebst ihrer Tochter und Enkelin gleichen Namens. Zur Nachfeier des dreihundertjährigen Reformations-Jubiläums in der Mark Brandenburg, Berlin 1839;* CZILSKY, *Carl Julius Stanislaus: Kurfürstin Elisabeth von Brandenburg. Ein geschichtliches Lebensbild aus der Reformationszeit, Berlin 1859;* RIEDEL, *Adolph Friedrich: Die Kurfürstin Elisabeth von Brandenburg in Beziehung auf die Reformation, in: Zeitschrift für preußische Geschichte (1865), S. 65-100;* KIRCHNER, *Ernst Daniel Martin: Die Churfürstinnen und Königinnen auf dem Throne der Hohenzollern, im Zusammenhange mit ihren Familien und Zeit-Verhältnissen, Bd. 1, Berlin 1866;* BAUR, *Wilhelm: Elisabeth, Churfürstin von Brandenburg, die Bekennerin. Ein Vortrag zum Besten des Kirchenbauvereins in Berlin am 11. November 1872 gehalten, in: Deutsche Blätter (1873), S. 521-540;* LIEBUSCH, *Georg: Elisabeth von Dänemark, Kurfürstin von Brandenburg. Ein Lebensbild. Unveränd. Nachdruck der Orig. ausg. aus dem Jahr 1873, Bremen 2013 (ND Berlin 1873).*

3 *Vgl.* BENDER, *Nadja: Männer ohne Frauen. Das Geschichtsbild der Hohenzollern und ihrer Historiker, in: Frauensache. Wie Brandenburg Preußen wurde, hg. von der Generaldirektion der Stiftung Preußische Schlösser und Gärten Berlin-Brandenburg, Dresden 2015, S. 62-74, hier S. 73f.*

Bereits unmittelbar nach der Flucht begannen die Zeitgenossinnen und Zeitgenossen Elisabeths über ihre Motive zu spekulieren. So schrieb Martin Luther beispielsweise einige Tage nach dem Ereignis an einen Freund, dass die Kurfürstin mithilfe ihres Bruders, König Christian II., zum sächsischen Kurfürsten geflohen sei, weil ihr Gemahl sie wegen des Abendmahls in beiderlei Gestalt habe einsperren wollen.[5] Diese Deutung verbreitete sich schnell und wurde von den landesgeschichtlich Forschenden nahezu unhinterfragt übernommen und wirkt bis in die Gegenwart.

**Unbestritten hat die Flucht Elisabeths etwas mit ihrem lutherischen Bekenntnis zu tun.** Es greift meines Erachtens jedoch zu kurz, dieses Geschehen allein auf die unterschiedlichen religiösen Ansichten des brandenburgischen Kurfürstenpaares zurückzuführen. Auch die Elisabeth gelegentlich unterstellte Eifersucht hinsichtlich der außerehelichen Verhältnisse Kurfürst Joachims I., die als Begründung für eine dem religiösen Konflikt vorangehende oder ihn begleitende Entfremdung des Paares angeführt wird, bietet keine hinreichende Erklärung.[6] Die zeitgenössischen Quellen, insbesondere Elisabeths Briefe, zeigen, dass die Situation deutlich komplexer war.

Die Flucht Elisabeths steht in engem Zusammenhang mit den Ereignissen von 1523. Als ihr Bruder, König Christian II. von Dänemark, sein Land verlassen und seine Krone verloren hatte, war für seine Schwester die Welt ins Wanken geraten. Der soziale Status von Fürstinnen in der frühen Neuzeit speiste sich nämlich maßgeblich aus ihrer Herkunftsdynastie und dem damit verbundenen Nutzen für die Heiratsdynastie.[7] Die Geburt von Kindern, insbesondere von Söhnen, stabilisierte die Position und den Einfluss einer Fürstin innerhalb der Heiratsdynastie, die Herkunftsfamilie garantierte und wachte jedoch darüber, dass die abgeordnete Tochter von der Heiratsdynastie gebührend behandelt wurde.[8]

---

[4] *Neuere Arbeiten greifen die religiöse Deutung auf, betonen aber das emanzipatorisch-reformatorische Moment dabei. In Auswahl:* BAINTON, Roland: *Frauen der Reformation. Von Katharina von Bora bis Anna Zwingli. 10 Portraits,* Gütersloh 1995; GUNDERMANN, Iselin: *Kurfürstin Elisabeth von Brandenburg – Luthers Anhängerin am Berliner Hof,* in: *Frauen fo(e)rdern Reformation. Elisabeth von Rochlitz, Katharina von Sachsen, Elisabeth von Brandenburg, Ursula Weida, Argula von Grumbach, Felicitas von Selmnitz,* hg. von Peter Freybe, Wittenberg 2004, S. 58–76; STJERNA, Kirsi: *Woman and the Reformation,* Blackwell 2009, S. 87–108; STRÄSSNER, Ulrike: *Elisabeth von Dänemark (Norwegen und Schweden). Kompromisslose Idealistin im Exil,* 31.3.2016, http://www.frauen-und-reformation.de/?s=bio&id=135 [27.03.2023].

[5] *Vgl. Weimarer Ausgabe (WA), Abt. Briefwechsel (BR), Bd. 4: 1526–1528, Nr. 1247: Martin Luther an Wenzeslaus Linck vom 28. März 1528. Das religiöse Motiv wird auch in anderen zeitgenössischen Quellen im Umfeld des sächsischen Hofes angeführt. Exemplarisch hierfür: Geheimes Staatsarchiv Preußischer Kulturbesitz (GStA PK), XX. HA, HBA, A 4, Kasten 184, Nr. 10: Hans Edler von Planitz an Herzog Albrecht von Mecklenburg vom 30.3.1528.*

[6] *Joachim I. führte seit 1525 eine Beziehung mit der verheirateten Katharina Hornung und zeugte mit ihr mehrere Kinder. Nachdem ihr Ehemann Wolf Hornung sie in einem Streit verletzt hatte, verwies der Kurfürst ihn des Landes. Luther ergriff Partei für Hornung und kritisiert Joachim I. öffentlich für seinen Lebenswandel und den Missbrauch seiner landesherrlichen Macht. Vgl. dazu:* ZIMMERMANN, Paul: *Der Streit Wolf Hornungs mit Kurfürst Joachim I. von Brandenburg und Luthers Beteiligung an demselben,* in: *Zeitschrift für preußische Geschichte und Landeskunde* 20 (1883), S. 310–343; STRÄSSNER, Ulrike: *Elisabeth von Dänemark und die Reformation in Brandenburg,* in: *Perspektivweitung – Frauen und Männer machen Geschichte. Beiträge des zweiten Colloquiums in der Reihe „Kulturgeschichte Preußens - Colloquien"* vom 10. und 11. Oktober 2014, hg. von Julia Klein u. Jürgen Luh, 24.6.2016, Abs. 24, https://perspectivia.net//publikationen/kultgep-colloquien/2/straessner.daenemark [24.03.2023]. WINTERHAGER, Wilhelm Ernst: *»Deus pro nobis, quis contra nos?« Anmerkungen zur Reichs- und Religionspolitik Kurfürst Joachims I. von Brandenburg,* in: *Jahrbuch für Berlin-Brandenburgische Kirchengeschichte* 71 (2017), Sonderdrucke, S. 13–41, hier S. 32f.

[7] *Zum Verhältnis von sozialem Status und Herkunftsfamilie:* RUPPEL, Sophie: *Verbündete Rivalen. Geschwisterbeziehungen im Hochadel des 17. Jahrhunderts,* Köln 2006, S. 66.

[8] *Vgl. ebd., S. 302;* WUNDER, Heide: *Einleitung. Dynastie und Herrschaftssicherung. Geschlechter und Geschlecht,* in: *Dynastie und Herrschaftssicherung in der Frühen Neuzeit. Geschlechter und Geschlecht (ZFHF, BH 28),* hg. von ders., Berlin 2002, S. 9–27, hier S. 23f.

[9] *Aus Christians II. Ehe mit Isabella von Habsburg waren insgesamt sechs Kinder hervorgegangen, wovon lediglich ein Sohn und zwei Töchter das Kindesalter überlebten.*

[10] *Zu Elisabeths Bemühungen bei Verwandten in Brandenburg, Preußen und Mecklenburg um finanzielle und militärische Hilfe für ihren Bruder:* GStA PK, XX. HA. OBA, Nr. 19877, 19958, 26195, 26219, 26253, 26348, 26521, 26559; GStA PK, I. HA, Rep. 11 Dänemark, Nr. 1210; LHAS, 2.11-2/1 Acta externa, Nr. 489 u. 511.

[11] *Vgl.* WAGNER, Friedrich: *Der Schatz der Kurfürstin Elisabeth von Brandenburg,* in: *Hohenzollern-Jahrbuch* 6 (1902), S. 70–101; I. GUNDERMANN: *Kurfürstin Elisabeth* [wie Anm. 4], S. 63f.

[12] *Vgl. Diplomatarium Norvegicum (DN), Bd. 13, Nr. 249: Kurfürst Joachim I. von Brandenburg an Kurfürstin Elisabeth von Brandenburg vom 29.4.1524; Nr. 251: Derselb. an dieselb. vom 1.5.1524.*

[13] *Erste Berührung damit hatte sie möglicherweise auch schon zuvor oder zeitgleich durch lutherisch gesinnte Personen am kurbrandenburgischen Hof.*

Dies war für Fürstinnen, die rangniedere Fürsten heirateten, wie etwa Elisabeth, umso bedeutender. Sie pflegte daher ein sehr enges Verhältnis zu ihrer Herkunftsfamilie, insbesondere zu ihrem einzig verbliebenen Bruder. Als Dynastieoberhaupt war Christian die Quelle ihres im Vergleich zur Heiratsdynastie der Hohenzollern höheren königlichen Status. Nach dem Thronverlust des Bruders war dieser Status jedoch bedroht. Je unwahrscheinlicher es war, dass Christian wieder zu Land und Leuten kommen würde, desto mehr sank Elisabeths Wertigkeit für die Heiratsdynastie. Dies zeigte sich deutlich an der Art und Weise, wie Joachim I. sie in den Folgejahren behandelte und sie zu isolieren suchte. Umso wichtiger wurde die Beziehung zum Bruder, die sich während der Exilzeit durch häufige persönliche Zusammenkünfte, gemeinsame Reisen, regen Informationsaustausch und das verbindende Ziel der Rückgewinnung der Krone für Christian intensivierte.

Zunächst stellte die enge Verbindung zwischen Elisabeth und Christian kein Problem dar, da Joachim I. anfangs durchaus auch bereit war, seinen Schwager finanziell und militärisch zu unterstützen. Er erhoffte sich reichliche Belohnung und Stärkung seiner Erbansprüche für den Fall, dass Christian wieder König würde und keine männlichen Erben hinterließe.[9] Als sich jedoch abzeichnete, dass sämtliche Rückeroberungspläne scheiterten, weigerte er sich, weiter in Vorleistung zu gehen und stellte seine Unterstützung ein. Elisabeth hingegen, deren Status ja von dem ihres Bruders abhing, intensivierte angesichts der zunehmend aussichtslosen Lage ihre Unterstützung, indem sie Fürbitte bei Verwandten leistete[10] und 1526 auch einen Großteil ihres persönlichen Besitzes zu seinen Gunsten verpfändete.[11] In seiner Schwester fand Christian seine zuverlässigste Unterstützerin. Christians Schuldenberg wuchs während seines Exils und seine Gläubiger – allen voran Joachim I. – übten zunehmend Druck aus. Elisabeth wurde von ihrem Gemahl aufgefordert, dafür zu sorgen, dass ihr Bruder seine Schulden beglich.[12] Als sie dieser Erwartung nicht gerecht wurde, bekam sie Joachims Groll zu spüren. Sie geriet in eine zunehmend ambivalente Situation, da sie einerseits ihrem Gemahl gegenüber zu Gehorsam und andererseits gegenüber ihrem Bruder zu Unterstützung und Loyalität verpflichtet war. Beidem gerecht zu werden, wurde zunehmend schwieriger.

**Letztlich entschied sich die Kurfürstin für ihren Bruder und gegen den Gemahl.** Dies zeigt sich nicht zuletzt in ihrer Hinwendung zur lutherischen Lehre. Christian II., der als älterer Bruder und Oberhaupt ihrer Herkunftsdynastie eine Autorität für sie darstellte, hatte sie in Kontakt mit der Lehre Luthers gebracht.[13] Ab 1525 ist Elisabeths Briefen deutlich anzumerken, dass sie sich intensiv mit der Heiligen Schrift und theologi-

◆ 2
Gesangbuch der Elisabeth von Brandenburg, Berlin 1555. Universitätsbibliothek Erlangen-Nürnberg, MS.B 43, fol. 1v bzw. fol. 2r

◆ 3
Eine der im Palas der Zitadelle gefundenen Renaissance-Ofenkacheln. Staatliche Museen zu Berlin, Museum für Vor- und Frühgeschichte / Zitadelle Spandau, Foto: Eileen Jahnke

schen Positionen auseinandersetzte. In der neuen Lehre fand sie offenbar sinnstiftende Erklärungsmuster für eine Welt, die durch den Thronverlust des Bruders ins Wanken geraten war. In ihren Briefen interpretierte sie die krisenhafte Situation so, als seien ihr Bruder und sie um des Glaubens willen verfolgt und dies wiederum sei ein Zeichen dafür, dass Gott auf ihrer Seite sei, weil es um eine höhere Sache ging.[14] Entsprechend ließ sich auch die mangelnde Unterstützung des Gemahls und der von ihm ausgehende Zahlungsdruck sowie dessen Lebenswandel als unchristliches und dem Willen Gottes widersprechendes Verhalten deuten. Hinzu kam, dass Luther Christians Recht auf den Thron in einer Schrift ausdrücklich verteidigte und Partei für den vertriebenen König ergriff.[15] Neben der persönlich gewonnenen Glaubensüberzeugung war der Bekenntniswechsel Ausdruck ihrer Loyalität zum Bruder und mit der Hoffnung verbunden, Unterstützung zu generieren und eine überzeugende Rechtfertigungsgrundlage für die gemeinsamen dynastischen Ziele zu haben.[16] Ohne die Nähe zu Christian und ohne seinen Schutz hätte sich Elisabeth vermutlich nicht zur Lehre Luthers bekannt. In Bezug auf ihren Gemahl formulierte sie gegenüber einem gleichgesinnten Verwandten die Hoffnung, dass Joachim die Wahrheit erkennen möge und sein Verhalten ändern würde.[17]

Den offenen Konflikt, der aufgrund der allseits bekannten Haltung Joachims I. zur lutherischen Lehre,[18] zu erwarten war, vermied sie. Sie profitierte diesbezüglich davon, dass Joachim entweder viel unterwegs war oder, wenn er sich doch in Cölln an der Spree aufhielt, seit einigen Jahren getrennt von ihr residierte. Entsprechend hatte das Kurfürstenpaar nur wenige Berührungspunkte im Hinblick auf die religiöse Praxis und es scheint über eine bestimmte Phase hinweg nicht aufgefallen oder von Belang gewesen zu sein, dass Elisabeth zwar die Messe besuchte, aber nicht am Abendmahl teilnahm. Ihre religiöse Praxis wurde ab dem Punkt von Joachim I. problematisiert, als ihm zugetragen wurde, dass sie während seiner Abwesenheit zu Ostern 1527 in ihren Gemächern das Abendmahl in beiderlei Gestalt zu sich genommen habe. Er musste befürchten, dass sich dies herumsprach und seine Glaubwürdigkeit als Verteidiger der römischen Kirche sowie seine Autorität als Dynastieoberhaupt und Gatte zur Disposition standen. Bei seinen Bemühungen, Elisabeth wieder auf seinen Kurs einzuordnen, setzten sich ihre Verwandten – insbesondere ihr Bruder, ihre Söhne und Schwiegersöhne – dafür ein, dass er sie ihrem hohen Status gemäß behandelte und bewirkten die Gewährung einer Bedenkzeit.[19]

Davon, dass das verwandtschaftliche Netzwerk Joachim nur bedingt abhalten konnte, seine Interessen durchzusetzen, zeugt ein Schreiben Elisabeths an ihren Onkel Kurfürst Johann von Sachsen vom Oktober 1527.[20] Elisabeth beklagte sich darin, dass ihr Gemahl seinen Beichtvater zu ihr geschickt habe, um in Erfahrung bringen zu lassen, ob sie bereit sei, zu Allerheiligen an der gewohnten Eucharistiefeier teilzunehmen. In diesem Fall wolle er ihr vergeben und sich ihr gegenüber zuvorkommend verhalten. Würde sie sich nicht fügen, würde er dies nicht dulden und müsse aus Verantwortung gegenüber Kaiser und Landschaft gegen sie vorgehen. Sie habe dem Beichtvater geantwortet, dass sie mit diesem Anliegen zu dieser Zeit nicht gerechnet habe und auf eine so schwerwiegende Frage auf die Schnelle keine Antwort geben könne. Zudem habe sie sich darauf verlassen, dass sie, wenn sie sich des Abendmahls in beiderlei Gestalt fortan enthalte, eine Bedenkzeit bis Ostern 1528 bekommen würde, die ihr und ihren Fürsprechern zugesagt worden sei. Sie habe ihren Bruder über den Vorfall informiert und dieser sei mit ihrem Sohn und dem Bischof von Lebus erneut zu Joachim gegangen und habe ihn an seine Zusage erinnert. Daraufhin habe

[14] *Exemplarisch: GStA PK, XX. HA, HBA, A3, Kasten 111: Kurfürstin Elisabeth von Brandenburg an Herzog Albrecht von Preußen vom 7.9.1525 und vom 2.10.1525; LHAS, 2.11-2/1, Acta externa, Nr. 1924: Kurfürstin Elisabeth von Brandenburg an Herzog Albrecht VII. von Mecklenburg vom 15.5.1528.*

[15] *Vgl. LUTHER, Martin: Ob kriegsleute auch ynn seligem stande seyn kunden, Wittenberg 1527, Bl. Cv-D.*

[16] *Vgl. S. RUPPEL: Verbündete Rivalen [wie Anm. 7], S. 220. Ruppel zeigt auf, dass sich Loyalität zur Herkunftsfamilie u. a. im gleichen Bekenntnis ausdrücken konnte.*

[17] *Vgl. GStA PK, XX. HA, HBA, A3, Kasten 111, Nr. 17: Kurfürstin Elisabeth von Brandenburg an Herzog Albrecht von Preußen vom 7.9.1525.*

[18] *Exemplarisch dazu: W. E. WINTERHAGER: Deus pro nobis [wie Anm. 6].*

[19] *Vgl. R. v. Jacob: Die Flucht [wie Anm. 1], S. 162-165.*

[20] *Vgl. Codex Diplomaticus Brandenburgensis (CDB), Abt. 3, Bd. 3, Nr. 285: Bericht der Kurfürstin Elisabeth an den Kurfürsten von Sachsen vom 15.10.1527.*

sich Joachim eine Bedenkzeit erbeten und eine hochrangig besetzte Kommission einberufen, die darüber beraten sollte, wie mit der Kurfürstin zu verfahren sei, wenn sie sich nicht fügen würde. Gegen das Ergebnis, sie festzusetzen und lebenslang zu isolieren, habe Christian mithilfe der Landstände interveniert. Als Reaktion darauf habe der Kurfürst gegenüber Elisabeth bestritten, dass er den Beichtvater damit beauftragt hätte, sie zu bedrängen, und ließ ihr zusichern, dass er bis Ostern nichts gegen sie unternehmen würde.

Elisabeth schilderte ihrem Onkel sehr detailliert die Vorgänge am Hof. Deutlich wird die Strategie Joachims, zum einen Versprechungen zu machen und zum anderen kontinuierlich den Druck zu erhöhen und ein Drohszenario aufzubauen. Es galt also für die Kurfürstin abzuwägen, wie ernst ihr Gemahl es in jeder Hinsicht meinte. Was sie gegenüber dem Onkel nur andeutete, hinsichtlich ihrer Zukunftsperspektive aber mitzubedenken hatte, war die Tatsache, dass ihr Bruder sie vermutlich nicht länger am kurbrandenburgischen Hof schützen konnte. Auch für ihn lief an Ostern 1528 ein letztes Ultimatum für die Rückzahlung seiner Schulden bei Joachim ab.[21] Für die Geschwister war klar, dass Christian nicht in der Lage war, den Forderungen nachzukommen. Ihre Erfahrungen in den Jahren zuvor hatten gezeigt, dass die Schulden des Bruders schwer auf dem ehelichen Verhältnis lasteten und ließen sie nicht an eine Verbesserung glauben, wenn Elisabeth in der Religionsfrage nachgäbe. Sie musste davon ausgehen, dass Joachim nicht Wort halten würde und sie dann auch nicht mehr auf die Fürsprache des Bruders setzen konnte. Es schien also keinen wesentlichen Unterschied zu machen, ob sie ihr Bekenntnis aufgab oder nicht. In beiden Fällen wäre sie der Willkür ihres Gemahls ausgeliefert. Sie rechnete mit Isolation, mangelhafter Versorgung, einem stark eingeschränkten Handlungsspielraum sowie mit der Unterbrechung des Kontaktes zum Bruder. Dauerhaft handlungsfähig konnten beide Geschwister also nur bleiben, wenn sie sich dem Zugriff Joachims entzogen und dieser keine Druckmittel mehr in der Hand hatte.

Es ist davon auszugehen, dass die Idee zur Flucht spätestens nach den Vorfällen im Oktober 1527 erwogen und vorbereitet wurde. Im Februar 1528 bot Kurfürst Johann von Sachsen seiner Nichte an, dass sie bei ihm Schutz finden könne.[22] Er ging damit ein hohes persönliches Risiko ein und hatte daher genau zu erwägen, welche Motive er für sein Handeln ins Feld führte. In seinem Schreiben signalisierte er Elisabeth, dass er ihr diesen Ausweg aus Fürsorge um ihr Seelenheil anbot. Joachims sonstiger Umgang mit seiner Gemahlin blieb damit unkommentiert, gleichzeitig eröffnete aber die Sorge um das Seelenheil eine Möglichkeit, das Gebot des ehelichen Gehorsams zu relativieren.[23] Die Beteiligten hatten sich offenbar darauf verständigt, dass der gefasste Plan so am ehesten gegenüber der Reichsöffentlichkeit zu rechtfertigen war. Darüber hinaus ist davon auszugehen, dass Johann von Sachsen als führender protestantischer Fürst im Reich diese Chance nutzte, um Joachim I. und damit auch die Position der Altgläubigen zu schwächen.

**Elisabeth war sich demnach bewusst, dass sie, als sie ihren Gemahl verließ, nicht nur eine Landesgrenze, sondern auch eine moralische Grenze überschritt, die einer Rechtfertigung bedurfte.** Wenige Tage nach ihrer Flucht wandte sie sich daher an ihre Verwandten, um sich deren Unterstützung zu versichern und ihrem Gemahl nicht die Deutungshoheit über die Ereignisse zu überlassen. In ihren Schreiben verwies sie darauf, dass ihre Verwandten ja um die seit längerer

21 Vgl. GStA PK, I. HA, Rep. 11, Nr. 1223: Schuldverschreibung König Christians II. vom 23.3.1527.

22 Vgl. CDB, Abt. 3, Bd. 3, Nr. 287: Kurfürst Johann von Sachsen bietet der Kurfürstin Elisabeth eine Zufluchtstätte an, vom 14.2.1528.

23 Zum Verhältnis der Verpflichtung zum ehelichen Gehorsam und der Sorge um das Seelenheil ließ die Partei Elisabeths eigens für die Rückkehrverhandlungen ein Gutachten von den Wittenberger Theologen anfertigen, welches die Rechtfertigungsstrategie unterstützte. Vgl. dazu: BERBIG, Georg: Ein Gutachten über die Flucht der Kurfürstin Elisabeth von Brandenburg, in: Archiv für Reformationsgeschichte (1910/11), S. 380-394, hier S. 380f.

◆ 4
Denkmal für Kurfürst Joachim II. zum 350. Jubiläum der Einführung der Reformation in Brandenburg, geschaffen 1889 vom Berliner Bildhauer Erdmann Encke. An der Sockelseite Reliefdarstellung aus Bronze: Kurfürstin Elisabeth unterweist ihre beiden Söhne, Joachim und Johann, in der Kenntnis der Bibel.
Spandovia Sacra – Museum von St. Nikolai (Archiv Nik F626)

Zeit währenden Konflikte zwischen ihr und ihrem Gemahl wüssten. Ihr Handeln rechtfertige sie damit, dass sich die Situation verschlimmert hätte und sie sich nun derart stark bedrängt gefühlt habe, dass sie zur Errettung von Seele, Gewissen, Leib und Ehre zur Flucht verursacht worden sei.[24] In der Formulierung klingt an, dass es durchaus mehrere Gründe gab, die sich als Fehlverhalten des Kurfürsten gegen seine Gemahlin zusammenfassen ließen. Die Empfänger der Schreiben konnten also – je nach Kenntnisstand über die Verhältnisse am kurbrandenburgischen Hof – ihrerseits Vermutungen darüber anstellen, was die Fürstin dazu bewegt hatte, zu gehen. Die Verwandten hatten zudem zu bewerten, ob sie die angedeuteten Gründe für hinreichend empfanden, um sich im Konflikt entsprechend für die Kurfürstin zu positionieren. Da Elisabeth sowohl altgläubige als auch der Reformation zugewandte Verwandte anschrieb, kann davon ausgegangen werden, dass es eine strategische Überlegung war, die Motive allgemein zu formulieren, um niemanden zu verprellen und auszuloten, wer zur Unterstützung bereit war.

Es zeigte sich, dass sich aufseiten der lutherisch gesinnten Fürsten das größte Unterstützungspotential fand und der religiöse Konflikt zwischen den Eheleuten als Motiv bereitwillig aufgegriffen und propagandistisch genutzt wurde. Joachim I. versuchte dagegen zu halten, dass Christian II. den Konflikt zwischen ihm und seiner Gemahlin genutzt habe, um sich seinen finanziellen Verpflichtungen zu entziehen. **Das Argument war jedoch weitaus weniger öffentlichkeitswirksam und konnte den erlittenen Imageschaden als verlassener Ehemann nicht aufwiegen.**[25] Zwar fand auch der Kurfürst Unterstützer, seine Interessen konnte er jedoch in den auf die Flucht folgenden Verhandlungen nicht durchsetzen.[26] Er versuchte es daher, indem er Christian und Elisabeth anderweitig unter Druck setzte. So verwehrte er Christian beispielsweise die Durchreise durch das Kurfürstentum Brandenburg und drohte Verwandten, die den Exilkönig unterstützten, mit Repressalien. Elisabeth enthielt er alle Bezüge vor und hoffte so, dass der sächsische Kurfürst es bald leid wäre, für sie aufzukommen.

Aus genannten Gründen hatten sowohl Elisabeth als auch Christian kein wirkliches Interesse am Erfolg der Rückkehrverhandlungen. Entsprechend wurde der religiöse Konflikt, von dem man wusste, dass Joachim im Hinblick auf seine Position im Reich, keinen Kompromiss eingehen konnte, aufrechterhalten.[27] Dass es Elisabeth jedoch um mehr ging, als um freie Ausübung ihres Bekenntnisses, wird in ihren Briefen an Verwandte deutlich, in denen sie vehement Gerüchten widersprach, dass es ihr in Sachsen schlecht ginge. Sie betonte, dass sie dort deutlich besser behandelt würde als zuvor am kurbrandenburgischen Hof.[28] Die Briefe zeugen von einer standesbewussten Fürstin, die großen Wert darauf legte, als Mitglied einer Königsdynastie behandelt zu werden, und um eine entsprechend standesgemäße Lebensführung rang.

Ihren neu gewonnenen Handlungsspielraum nach der Flucht nutzte Elisabeth dazu, Christian bei seinen Rückeroberungsversuchen zu unterstützen. Sie sammelte Informationen, organisierte Geld und Verbündete. 1530 konnte er mithilfe seines anderen Schwagers Kaiser Karl V. einen Feldzug nach Dänemark starten. Der Rückeroberungsversuch war jedoch nicht von Erfolg gekrönt, sondern endete mit Christians Gefangennahme.[29]

Die Gefangenschaft des Bruders war ein schwerer Schlag für Elisabeth.[30] Sie reagierte darauf mit zunehmend pessimistischer Weltsicht und labiler Gesundheit. Ihr Netzwerk nutzte sie nun hauptsächlich, um sich für die Freilassung Christians beziehungsweise für erleichterte Haftbedingungen einzusetzen. Nach dem Tod ihres Gemahls 1535 konnte sie dies deutlich freier tun und bemühte sich darum, auch ihre Söhne auf dieses Ziel zu verpflichten. Welchen Stellenwert der Bruder bis an ihr Lebensende für sie hatte, wird in ihrem Testament von 1550 deutlich. Seine Freilassung und Wiedereinsetzung in königliche Würden ist darin ihr erstes weltliches Anliegen.[31] Der gewünschte Erfolg war ihr jedoch auch hier nicht vergönnt. Christian starb 1559, vier Jahre nach seiner Schwester, in Gefangenschaft.

In der Landesgeschichtsschreibung wird an Elisabeth hauptsächlich als eine sich zum Luthertum bekennende Gemahlin eines altgläubigen Fürsten und als eine ihre Söhne im Hinblick auf das Bekenntnis erfolgreich beeinflussende Mutter – also vornehmlich als Hohenzollerin – erinnert. In ihrer Rolle als Schwester eines Königs, mit dem sie gemeinsam um Wiedererlangung der verlorenen Königswürde kämpfte, wird sie hingegen kaum gesehen. Wird die Bedeutung dieser Geschwisterbeziehung ausgeblendet, fehlt ein, wenn nicht gar DER entscheidende Aspekt zum Verständnis des Handelns Elisabeths. **Bis an ihr Lebensende galt ihre Loyalität in erster Linie ihrer höherrangigen Herkunftsfamilie.** Von der Hohenzollerndynastie erwartete sie für das Gebären von Nachkommen und das Erfüllen der Rollen als fürstliche Gemahlin und Mutter eine standesgemäße Versorgung. Zudem betrachtete sie ihre Heiratsdynastie als Ressource für die Umsetzung der Interessen ihrer Herkunftsfamilie. Die Flucht ist vor dem Hintergrund dieser Loyalitätsverhältnisse zu verstehen. Als ihr Einfluss, standesgemäße Behandlung und Versorgung durch die Hohenzollern zunehmend entzogen wurden, entzog sie sich ihrerseits. Sie demonstrierte damit ihr einflussreiches verwandtschaftliches Netzwerk und signalisierte mehrfach, dass sie sich ohne entsprechende Gegenleistungen in Form von Respekt, Entscheidungsfreiräumen und finanzieller Versorgung nicht einfach dem jeweiligen Familienoberhaupt der Hohenzollern unterwarf. Mit Verweis auf ihr dynastisches Geschlecht und ihr religiöses Bekenntnis vermochte sie es immer wieder, die zeitgenössischen Forderungen nach Unterordnung aufgrund des biologischen Geschlechts argumentativ aufzuheben.

[31] Vgl. GStA PK, BPH, Rep. 29, R, Nr. 2: Testament der verwitweten Kurfürstin Elisabeth von Brandenburg vom 9.6.1550.

◆ 5
*Spandauer Adelsmesse*
Obwohl das Bild keine Abbildung geschichtlicher Wirklichkeit, sondern eine modernen Interessen dienende Inszenierung und Monumentalisierung der Vergangenheit ist, bildet es das Kerngeschehen der brandenburgischen Reformation ab: die Rückkehr der Kirche zum biblischen Ideal des Christentums, die entscheidend von Kurfürst Joachim II. bestimmt war und die ihren Beginn in der Abendmahlsfeier mit Brot und Wein hatte.[32]
Ölgemälde von Carl Röhling (1849 Berlin–1922 ebd.), H 168 cm × B 219 cm (Ausschnitt). Foto: Sabine Müller, Ev. Kirchengemeinde St. Nikolai Berlin-Spandau (NikSpan Inv.nr. 08.1.026)

[32] Weiterführende Literatur: STEGMANN, Andreas: *Brandenburgische Reformationsgeschichte im Bild. Carl Röhlings Darstellung der Spandauer Abendmahlsfeier am 1. November 1539* (in: *Reformation in Brandenburg. Verlauf, Akteure, Deutungen*, hg. v. Frank Göse, Berlin 2017, S. 301–323).

*Euer Liebden wollen uns in Religions und Glaubens Sachen, in unserem Gewissen, nicht irre machen noch anfechten.* \*

\* *Aus dem Schreiben an Kurfürst Friedrich III. von der Pfalz 1572, in dem sie deutlich macht, dass sowohl ihr Gemahl als auch sie selbst das Bekenntnis zum Luthertum dem Calvinismus vorziehen.* KELLER, Katrin: *Kurfürstin Anna von Sachsen, Regensburg 2010, S. 123, Kopial der Kurfürstin Anna Nr. 516, Bl. 77-78v.*

## KURFÜRSTIN ANNA VON SACHSEN (1532–1585)

ICH WEISS GAR NICHT, wo ich während meiner 37jährigen Ehe all die Kraft hernahm?!

1553 bestieg mein Mann August den sächsischen Thron und ich wurde Kurfürstin von Sachsen. Noch lieber als in Dresden war ich im Schloss Annaburg und nicht weit davon in der Lichtenburg. Diese war damals nur ein kleines Kloster mit Kapelle. Wir errichteten ein neues Schloss mit Wirtschaftsgebäuden, einem landwirtschaftlichen Gutshof und schließlich einer Schlosskirche, die St. Annenkirche. Ursprünglich war das ganze Schlossensemble zur Elbe hin ausgerichtet. So konnte man bequem mit dem Schiff anreisen.

Mein Mann und ich waren immer unterwegs zwischen unseren sächsischen Residenzen und zu Besuch bei anderen fürstlichen Familien in ganz Europa. Ich galt als die geborene Netzwerkerin und Stilikone – als vorbildliche Köchin und Gastgeberin sowieso.

August überließ mir bald die gesamte Verantwortung für siebzig fürstliche Ländereien, weil ich so erfolgreich wirtschaftete. In den Gärten wuchsen nicht nur die üblichen heimischen Obstbäume, sondern auch Mandel-, Granatapfel- und Pomeranzenbäume, seltene Salatsorten, mediterrane Kräuter, selbst Tabak ließ ich anbauen. Meine familiären Beziehungen nutzte ich nicht nur für die exotischen Pflanzen, sondern holte auch Rinder aus Polen, Dänemark, Holstein und Friesland, aus Tirol und der Schweiz. Unsere Zuchterfolge waren beachtlich, und ich stürzte mich in die Milchverarbeitung. Unser Käse und unsere Butter waren sehr begehrt. Das brachte mir den Beinamen *Dänische Käsemutter* ein. Dänische übrigens – weil ich Tochter des Königs Christian III. von Dänemark bin.

Was war das für ein Leben auf dem Hof und den Fischteichen ringsum! Weiße und bunte Pfauen, rote Feldhühner, Turteltauben, türkische Enten, Löffelgänse, Schwäne – die aßen wir gern als Festtagsbraten. Der Austausch mit den Gärtnern, Mägden und Handwerkern bereitete mir ebenso große Freude wie der Umgang mit den adeligen Hofleuten und den theologischen Gelehrten, die bei uns ein- und ausgingen.

Meine größte Leidenschaft galt der Medizin und der Pharmazie. Im Schloss Annaburg befand sich mein größtes Destillierhaus und die Bibliothek, die ich im Laufe der Zeit nicht nur mit theologischen Schriften, sondern auch mit medizinischen Werken und Rezeptbüchern bestückt habe. Ich stand im regen Austausch mit Lehrmeisterinnen und Ärzten und stellte die meisten Tinkturen, Destillate und Pflaster eigenhändig her.

Für die Herstellung meiner berühmten Aquavitae waren verschiedene Destillierstufen mit 387 verschiedenen Kräutern, Gewürzen, Tierteilen und Pflanzen nötig. Mit meinen Arzneien konnte ich sowohl adeligen Freunden und der Familie als auch Leuten aus dem einfachen Volk helfen, die mit ihren Beschwerden zu mir kamen.

Neben all den Aufgaben einer Landesfürstin habe ich fünfzehn Kinder geboren. Mein jüngstes Kind brachte ich mit 43 Jahren zur Welt. Elf meiner geliebten Kinder musste ich schon bald wieder zu Grabe tragen. Trost fand ich dann im protestantischen Glauben.

*Weiberherrschaft* – so nannte manch Anhänger der Calvinisten meine konsequente Einmischung in die Religionspolitik. Immerhin wurde auf der Lichtenburg im Jahre 1577 das Konkordienwerk verfasst, das die lutherische Kirche über die nächsten Jahrhunderte einigen sollte.

**Kurfürstin Anna von Sachsen in den Mund gelegt von Petra Reichenbach**

Katrin Keller

# Kurfürstin Anna und die anderen: Konfession und Politik (1532–1585)

DIE KURFÜRSTIN, DEREN NAMEN SCHLOSS ANNABURG BIS HEUTE TRÄGT, war eine treusorgende Mutter und eine erfahrene Apothekerin und Chemikerin ebenso wie eine umtriebige Ehestifterin und Politikerin. Viele weitere Handlungsfelder und Interessen der Kurfürstin ließen sich aufzählen; ein ganz gewichtiges darunter war das der Religion bzw. der Konfession. Anna stammte aus dem dänischen Königshaus und war in Kopenhagen und Kolding strikt lutherisch erzogen worden. Ihre Eltern, Christian III. von Dänemark und Dorothea von Sachsen-Lauenburg, hatten sich früh zum Luthertum bekannt, und die Krönung der beiden 1537 in Kopenhagen war die erste, bei der ein lutherischer Gottesdienst gehalten wurde. Vorgenommen hat die Krönung mit Johannes Bugenhagen ein enger Mitstreiter Martin Luthers.

Der mit Kurfürstin Anna lange vertraute Dresdner Hofprediger Martin Mirus bezeichnete sie 1585 in seiner Leichenpredigt als eine »von den Gerechten und Heiligen [...] Ein gleubiges Hertz und lebendiger Tempel des heiligen Geistes«[1]. Wie sehr ihr ihr Glaube Stütze und Trost in schwierigen Zeiten war, zeigen beispielsweise ihre Äußerungen nach dem Tod so vieler ihrer Kinder und anderer Angehöriger. Ihre Glaubensgewissheit zog sie dabei nicht nur aus ihrer Erziehung, sondern auch aus eigener Beschäftigung mit der Bibel und geistlichen Texten. Ihre recht umfangreiche Bibliothek, die sich bei ihrem Tod 1585 in Annaburg befand, enthielt zu mehr als zwei Dritteln lutherische Schriften, wobei Martin Luther selbst der am häufigsten vertretene Autor war. Neben zahlreichen Bibeln besaß Anna mehrere Ausgaben des Katechismus, der Kirchenpostille, die Tischreden Luthers, verschiedene seiner exegetischen Werke sowie Gesang- und Gebetbücher. Von letzteren legte sie eine regelrechte kleine Sammlung mit 40 verschiedenen Titeln an, die sie kostbar einbinden ließ. Außerdem findet man auch Bände zur Kirchengeschichte, zur Auslegung von Bibeltexten und die erste Luther-Biographie aus der Feder des Johannes Mathesius. Auf ihrem Nachtisch in Annaburg lagen im Herbst 1585 zwei geistliche Büchlein.

◆ 1
Das größte Wandgemälde der Meißner Albrechtsburg zeigt den Meißner Burgberg. Links im Bild pflanzt ein frisch vermähltes Ehepaar einen Obstbaum, so, wie es Kurfürst August für alle Eheschließungen angeordnet hatte. Ein Winzer kredenzt August einen Becher Wein, während Anna ein krankes Kind mit ihrer Arznei versorgt. Wandbild von Leonhard Gey (1838–1894) mit einer Länge von 13,20 m, Öl-Wachsmalerei, SBG gGmbH/Albrechtsburg Meissen, (CC BY-NC-SA), Foto: Falk Dießner

1 Sechs vnd Viertzig Leichpredigten / Gehalten bey den Begrebnüssen vnd trawrigen Begengnüssen / Des ... Herrn Avgvsti, Hertzogen zu Sachsen / des Heiligen römischen Reichs Ertzmarschalln vnnd Churfürsten ... Vnnd der ... Frawen Anna, Gebornen aus Königlichem Stamm Dennemarck / weyland Hertzogin zu Sachsen / Churfürstin ..., Leipzig 1588, S. 59. Zu Kurfürstin Anna und der Religion siehe ausführlicher: KELLER, Katrin: Kurfürstin Anna von Sachsen (1532-1585), Regensburg 2010, S. 120-147.

Als Annas Ehemann August von Sachsen 1553 seinem Bruder Moritz als Kurfürst folgte, gingen die großen Auseinandersetzungen der Reformationszeit gerade zu Ende – mit dem Augsburgischen Religionsfrieden von 1555, den Kurfürst August wesentlich mit aushandelte, fanden die kriegerischen Auseinandersetzungen zwischen Lutheranern und Katholiken auf dem Boden des Heiligen Römischen Reiches zunächst ein Ende. Man einigte sich auf eine friedliche Koexistenz der beiden Bekenntnisse, allerdings jeweils auf den Rahmen eines Territoriums bezogen. Kursachsen war und blieb damit lutherisch, während das Herzogtum Bayern oder das Kurfürstentum Trier katholisch waren usw.

Innerhalb der Territorien strebten die Fürsten in den folgenden Jahrzehnten danach, dass alle ihre Untertan:innen jeweils einem Bekenntnis angehörten, und zwar dem, das der Fürst wählte. Damit sollte die innere Ruhe erhalten werden, und es entsprach auch dem Herrschaftsverständnis der Zeit, dass Fürst:innen auch für das Seelenheil ihrer Untertan:innen Sorge zu tragen hatten. Für Anna und August von Sachsen konnte es dabei keinen Zweifel daran geben, dass alle Einwohner:innen Kursachsens lutherisch zu sein hatten – nur das lutherische Bekenntnis bezeichnete Anna als *rechtgleubig*[2]. Diese Auffassung setzte der Kurfürst auch zu Beginn der 1570er Jahre durch, als sich abweichende Tendenzen in der sächsischen Geistlichkeit und sogar an der Landesuniversität Wittenberg zeigten.

Hintergrund dafür war die allmählich immer stärker zu Tage tretende Abgrenzung zwischen den beiden evangelischen Bekenntnissen, dem Luthertum und dem reformierten Bekenntnis. In diesen sich vertiefenden konfessionellen Konflikt war die Kurfürstin auch persönlich direkt einbezogen, seit ihre älteste Tochter Elisabeth 1570 aus politischen Erwägungen einen reformierten Fürsten, Johann Kasimir von Pfalz-Simmern, geheiratet hatte. Die Ehe war schnell von konfessionellen Streitigkeiten überschattet, in denen die Kurfürstin ihre Tochter immer wieder in ihrem lutherischen Bekenntnis bestärkte. Das hatte Sanktionen vonseiten des Pfalzgrafen zur Folge, der seine Gemahlin am Gottesdienstbesuch hinderte und ihre Korrespondenz überwachen ließ. Als Anna 1580 gerüchteweise hörte, dass Elisabeth zum reformierten Bekenntnis übergetreten sei, war die Kurfürstin aufs Höchste alarmiert und drohte der Tochter, in diesem Fall werde es ihr, Anna, »die Zeit unsers Lebens leidt sein, das wir deine Liebden unter unserm Hertz getragen und sie mit so grosser Mühe, Sorge und Treue erzogen haben solten. [...] Es dorfen sich auch deine Liebden auf solchen Fall künftig keiner müterlichen Treu noch Liebe mehr zu uns verstehen.«[3]

Der eheliche Konflikt hat das Bild der Kurfürstin vom reformierten Bekenntnis sicher nicht freundlicher werden lassen. Vielmehr sah sie sich bestätigt in Vorbehalten, die vonseiten der lutherischen Geistlichkeit gegen das andere große evangelische Bekenntnis formuliert wurden. So war es kein Wunder, dass Kurfürstin Anna nach 1574 ihren Ehemann in seinem Vorgehen gegen reformierte Tendenzen in der kursächsischen Geistlichkeit bestärkte. Dabei ließ sie ebenso wenig Widerspruch zu wie ihr Gemahl: Geistliche und Beamte, die sich weigerten, ein entsprechendes Glaubensbekenntnis zu unterzeichnen (die sogenannte *Konkordienformel*[4]), mussten nach 1580 ihre Ämter aufgeben und das Land verlassen.

Bestrebungen zur konfessionellen Vereinheitlichung, die Ausweisungen bzw. Auswanderung von Angehörigen der jeweils anderen Konfession zur Folge hatten, gab es aber auch in anderen Territorien des Reiches, wie zum Beispiel im Herzogtum Steiermark mit seiner Hauptstadt Graz. Dort hatte Erzherzog Karl von Innerösterreich im Frühjahr 1582 energische Schritte

2  *Sächsisches Hauptstaatsarchiv Dresden, Geheimer Rat, Kopial 516, fol. 77r-78v.*

3  *Sächsisches Hauptstaatsarchiv Dresden, Geheimer Rat, Kopial 522, fol. 83v-84r.*

4  *Die Konkordienformel entstand 1577 auf Betreiben Kurfürst Augusts von Sachsen als letzte Bekenntnisschrift der lutherischen Kirche. Sie hielt in zwölf Punkten die hinfort gültige Lehrmeinung zu strittigen theologischen Fragen fest.*

◆ 2
Das Kurfürstenpaar Anna und August mit vierzehn ihrer Kinder unter dem Kreuz.
Lucas Cranach d. J., 1571, Öl auf Holz, H 315 × B 235 cm, Altarbild in der Schlosskirche Augustusburg, Landesamt für Denkmalpflege Sachsen, Foto: Wolfgang Junius

**3**
Schutzmarke für die *Königl. Hofapotheke in Dresden* von Dr. Ernst August Giesecke mit Gründerin Kurfürstin Anna und Gründungsjahr 1581. Illustration aus *Kgl. Hofapotheke zu Dresden (Preisbuch)*, S. 2, Dresden 1898, Signatur: Hist.Sax.G.959.cd, SLUB Dresden

unternommen, um das katholische Bekenntnis zu stärken und den Einfluss des weitgehend protestantischen Adels zu begrenzen. Kurfürstin Anna, die wie gesagt innerhalb der Familie und des Kurfürstentums keine konfessionelle Abweichung duldete, meldete sich nun in Bezug auf die Steiermark zu Wort. Im Februar 1583 schrieb sie an die Gemahlin des Erzherzogs, Maria von Innerösterreich, und mahnte zur Toleranz: Der Erzherzog gestehe ja den Adligen durchaus ihr lutherisches Bekenntnis zu, und so schiene es ihr nur Recht, wenn auch die Einwohner der steirischen Städte in ihrem Bekenntnis frei bleiben würden. Der Erzherzog gestatte schließlich sogar Juden und verschiedenen christlichen Sekten ihre Gottesdienste, »aber die armen Lutheraner, die allein den Bapst nicht für ihren Gott und seine Satzungen nicht höher als Gottes Wort halten wollen, die kann man nicht dulden und verfolget sie aufs eussersté. ... Wolten derhalben euer Liebden [Maria] geliebten Herrn und Gemahel [Karl] von gantzen Hertzen mutterlich und treulich wüntschen und gönnen, seine Liebden griffen Gott nicht in den Augapffel und liessen die armen Leute in ihrem Gewissen unbeträngt, sondern bedachten vielmehr irer löblichen Vorfahren Exempel, das Ruhe und Friede in der Christenheit [...] erhalten werden möchte.«[5]

Die Kurfürstin forderte hier nicht etwa beim erzherzoglichen Paar in Graz den Wechsel zum *richtigen* Bekenntnis, also dem Luthertum, ein. Auf Ebene der fürstlichen Familien des Reiches war die Differenz zwischen katholischem und lutherischem Bekenntnis für Anna offensichtlich kein Problem, stand sie doch mit vielen katholischen Fürst:innen – vom Kaiser bis zum Fürsterzbischof von Salzburg – in brieflichem Kontakt. Man traf sich und feierte gemeinsam; so war auch das steirische erzherzogliche Paar 1581 in Dresden zu Besuch gewesen, und das sächsische Kurfürstenpaar weilte mehrfach in den kaiserlichen Residenzen Prag und Wien.

Das galt aber eben nicht für die Bewohner:innen der fürstlichen Besitzungen, im angesprochenen Fall also für die Lutheraner:innen in den Städten der Steiermark, von denen der katholische Landesherr nach dem Augsburgischen Religionsfrieden Konversion oder Auswanderung verlangen konnte. Die Kurfürstin von Sachsen forderte mit ihrem Schreiben etwas ein, was sie selbst, ebenso wenig wie Kurfürst August, in Kursachsen keineswegs bereit war zuzugeben, nämlich Bekenntnisfreiheit. Damit trat sie als Schützerin des lutherischen Bekenntnisses auf und erfüllte eine wichtige zeitgenössische Forderung an eine Fürstin. Diese hatte etwa Johannes Bugenhagen 1537 bei der Krönung von Annas Mutter klar formuliert: Sie erhalte Krone und Szepter, so erinnerte er die Königin, und verpflichte sich damit, alles zu fördern »... was zu Gottesdienst, darneben was zum Friede, Ehre, Zucht, gutem Regiment«[6] diene. In seiner abschließenden Predigt verwies Bugenhagen noch einmal auf die Pflicht von König und Königin, armen Leuten ebenso wie der Geistlichkeit beizustehen, damit »... solcher Christlichen That die andern Herren und Unterthanen grosses und nidriges Standts mögen ein gut Exempel nehmen, das sie auch lernen solche gute Werck thun.«[7]

In der hier formulierten Pflicht einer Fürstin, die Geistlichkeit zu fördern und im Sinne des Seelenheils der Untertan:innen das *richtige* Bekenntnis zu unterstützen, sah sich freilich auch Erzherzogin Maria in der Steiermark, die Adressatin des Schreibens. Sie unterstützte ihrerseits ihren Gemahl vollkommen in seinem Bemühen, das katholische Bekenntnis zu stärken und die Zahl seiner Anhänger:innen wieder zu vergrößern. Dabei äußerte sie ihre Ablehnung jeglichen evangelischen Bekenntnisses noch prägnanter als

---

5   Sächsisches Hauptstaatsarchiv Dresden, Geheimer Rat, Loc. 8538/11, fol. 38r-39v, Dresden, 5.02.1583.

6   MOHNIKE, Gottlieb: Die Krönung Christians III. von Dänemark und seiner Gemahlin Dorothea, Stralsund 1832, S. 70.

7   MOHNIKE, *Krönungen*, S. 78.

Kurfürstin Anna die ihre gegenüber Reformierten und Katholik:innen: 1596 beispielsweise schrieb die Erzherzogin an ihre Tochter Anna, die Königin von Polen war: »Gott gebe, das sie [die Lutheraner] doch einmal mit Puzen und Stingl ausgereit [ausgerottet] werden.«[8] Und 1599 riet sie ihrem Sohn Ferdinand, der seit 1595 in der Steiermark regierte: »Mein Ferdinand, frag nur den Predikanten [den lutherischen Predigern] nach und wenn du ein darin findest, so lass ihn henken: dann sonst werden sie gewiss sich aufhalten bis auf den Landtag, alsdann werden sie wieder ein neuen Lärmen machen.«[9] Zwar kam es in der Steiermark in den 1590er Jahren keineswegs zu Hinrichtungen von lutherischen Geistlichen, aber deren Verfolgung und Ausweisung war an der Tagesordnung.

Religiöse Duldsamkeit, gar eine Vorstellung von Toleranz gegenüber anderen Bekenntnissen, war also beiden Fürstinnen fremd. Damit waren sie Töchter ihrer Zeit – die Vorstellung der Gleichwertigkeit von Religionen und die Möglichkeit, diese gleichberechtigt nebeneinander ausüben zu können, verbreitete sich erst seit dem 18. Jahrhundert allmählich und gehört bis heute nicht überall zu den Selbstverständlichkeiten. Kurfürstin Anna und Erzherzogin Maria standen dabei für die beiden großen konfessionellen Lager, in die sich die Bevölkerung und die fürstlichen Familien des Heiligen Römischen Reiches nach 1555 aufspalteten. Das reformierte Bekenntnis, dem Annas Schwiegersohn zugehörte, sollte dagegen erst mit dem Westfälischen Frieden von 1648 als gleichberechtigte Konfession anerkannt werden.

Für kleinere und größere Bevölkerungsgruppen in den einzelnen Fürstentümern des Reiches war diese konfessionelle Aufteilung mit dem Zwang zu Konversion oder Auswanderung verbunden. Innerhalb der Fürst:innengesellschaft des Reiches dagegen war es möglich, das religiöse Bekenntnis Rang und Stand unterzuordnen: katholische und protestantische Fürst:innen akzeptierten die Herrschaft des katholischen Kaiserhauses und pflegten freundschaftliche Kontakte. Aus Sicht der fürstlichen Zeitgenoss:innen, also auch Annas, war die Wahl des Bekenntnisses der Fürst:innen deren Privileg, stand ihnen nach dem Augsburgischen Religionsfrieden frei, und wurde den zeremoniellen Regeln und nachbarlichen Beziehungen nachgeordnet. Die Untertan:innen dagegen hatten dieses Privileg nicht. Zugunsten der konfessionellen Geschlossenheit fürstlicher Territorien und damit der Durchsetzung fürstlicher Herrschaft wurde ihnen allenfalls ein Recht auf Auswanderung zugestanden, nicht aber Bekenntnisfreiheit. Die Akzeptanz der und des Andersdenkenden, anders Glaubenden war immer auch eine Frage von Politik und Herrschaft.

8 *Zitiert nach* KELLER, *Katrin: Erzherzogin Maria von Innerösterreich (1551-1608): Zwischen Habsburg und Wittelsbach, Wien-Köln-Weimar 2012, S. 110.*

9 KHULL, *Ferdinand: Sechsundvierzig Briefe der Erzherzogin Maria an ihren Sohn Ferdinand, Graz 1898, S. 24.*

◆ 4
Es existieren mehrere Versionen von Annas Altersbildnis: In der Rüstkammer der Staatlichen Kunstsammlungen Dresden, im Schloss Rosenborg in Kopenhagen und die hier abgebildete im Schloss Moritzburg als Leihgabe der Staatlichen Kunstsammlungen Dresden, Gemäldegalerie Alte Meister. Ölgemälde von Zacharias Wehme (1558–1606), H 104 × B 75 cm, Museum Gemäldegalerie Alte Meister, Inv.-Nr. 99/111, Staatliche Schlösser, Burgen und Gärten Sachsen gGmbH Schloss Moritzburg und Fasanenschlösschen

*Meinen Untertanen soll das Wort Gottes lauter und rein gelehrt werden, und ich will danach mit ihnen leben als meines Herr Gottes Magd.* *

* *Und weiter »… Ihren Beruf und ihre Arbeit will ich fordern zu gemeinen Nutzen. Den Armen will ich helfen, wo ich ihnen helfen kann.« Hedwigs Gelübde wurde von ihrem Hofprediger Michaelis aufgezeichnet. Vgl. RICHTER, Julius August: Handschrift ›Chronik der Umgebung Prettin‹; Kap. 7; abschriftlich und übertragen von Hans-Albrecht Gäbel, 2003. https://annaburger-chronisten.de/die-700-jahre-geschichte-der-stadt-annaburg/ortschronik/prettin/die-lichtenburg/kurfuerstin-hedwig/ [02.06.2023].*

KURFÜRSTIN HEDWIG VON SACHSEN (1581–1641)

DEN TAG MEINER HOCHZEIT WERDE ICH NIE VERGESSEN! Neunzehn Jahre jung, begleitet von über 1.500 Mann, ritt er mir entgegen: Christian II., Kurfürst von Sachsen. Tausende Dresdnerinnen und Dresdner standen am Straßenrand und winkten uns zu. Wir feierten eine Woche lang mit bestimmt 2.000 Gästen. Ich glaube, mein Zukünftiger wollte mir beweisen, dass er es an Reichtum mit meiner königlichen Familie aufnehmen kann – brachte ich doch ein stattliches Heiratsgeld mit in die Ehe, finanziert aus den Steuergeldern der dänischen und norwegischen Bauern und Bürger.

Schon neun Jahre später starb mein Gatte Christian plötzlich an einem Hitzschlag nach einem seiner heftigen Saufgelage. Ich beschloss, nicht wieder zu heiraten, sondern zog kurz nach meinem dreißigsten Geburtstag nach Prettin auf meinen Witwensitz. – Hier konnte ich mich weitgehend unabhängig vom Dresdner Hof um meine Ämter Schlieben, Seyda und Schweinitz mit Prettin und Lichtenburg kümmern.

Ich liebte das Lichtenburger Schloss, das meine Tante Anna von Sachsen mit erbaut hat. Zuerst nahm ich mir die Schlosskirche vor: Sie bekam einen neuen Altar. Orgel und Taufstein ließ ich vergolden. Aus meiner Heimat Dänemark holte ich Deichbauer, um einige Seitenarme der Elbe endlich fachgerecht trockenzulegen, denn das Schloss wurde immer wieder vom Hochwasser beschädigt. Wie zuvor am Dresdner Hof beauftragte ich viele junge Künstler mit Porträtmalereien, neuen Möbeln und kunstvollen goldenen Uhren. Diese jungen Talente, auch begabte Musiker, Wissenschaftler und Handwerker, konnte ich nach getaner Arbeit oft erfolgreich an andere Höfe vermitteln.

Mit dem Ausbruch des Dreißigjährigen Krieges 1618 war es damit vorbei. Ich hatte im Schloss Lichtenburg schon sparsamer gehaushaltet als am Dresdner Hof, jetzt musste ich meinen Lichtenburger Hofstaat aufs Allernotwendigste verkleinern.

Die kämpfenden und plündernden Truppen machten die Gegend unsicher, so dass die Felder nicht mehr bestellt wurden. Immerhin konnte ich meine Beziehungen spielen lassen um eine *Salva Guardi* zu bekommen, einen Schutzbrief, mit dem uns die feindlichen Truppen versicherten, dass sie unser Wittum verschonen und uns sogar eine Eskorte zum Schutz stellten. Wir öffneten unsere Kornkammern, um die Armen zu versorgen und unsere Apotheke, die meine Tante Anna damals aufgebaut hatte. Um die Kriegsopfer zu pflegen, richteten wir Lazarette ein. Doch brachte uns der Krieg nicht schon genug Elend: Uns suchte auch noch die Pest heim.

Ich machte keinen Unterschied zwischen unseren Untertanen oder Geflüchteten, das war einfach das Gebot der Stunde, nein, es war vielmehr mein lebenslanger Anspruch, mein Gelübde: »... Den Armen will ich helfen, wo ich ihnen helfen kann.«

In den Dörfern ließ ich Armenkassen einrichten, in die ich persönlich einzahlte, um ein gutes Vorbild zu sein. Die Schul- und Polizeiverordnungen, die ich in meinem Wittum etabliert habe, funktionierten hervorragend und die Kirchenordnung für meine Schlosskirche diente anderen Fürsten später als Vorlage. Von meinen wohltätigen Stiftungen hat sich eine bis heute erhalten: Mit den Zinseinkünften der Hedwigstiftung wurde vier Jahrhunderte später die Prettiner Stadtkirche saniert. – So habe ich mir das vorgestellt!

**Kurfürstin Hedwig von Sachsen in den Mund gelegt von Petra Reichenbach**

Ute Essegern

# *Selbstbehauptung in Kriegszeiten: Hedwig von Dänemark, Kurfürstin von Sachsen (1581–1641)*

ZUR LICHTENBURGER SCHLOSSKIRCHE GEHÖRT EIN GROSSES GEMÄLDE, das schon 1641 im Nachlassinventar der sächsischen Kurfürstinwitwe Hedwig von Dänemark (1581–1641) erwähnt wird.[1] Hedwig selbst hatte das Gemälde wohl um 1620 im Zusammenhang mit einer umfangreichen Sanierung der Schlosskirche in Auftrag gegeben.[2] Das Bild zeigt eine biblische Geschichte, die unter anderem Matthäus in seinem Evangelium beschrieb (Mt 15, 21-28)[3]: Eine Frau aus Kanaan hat eine schwer kranke Tochter. In ihrer Not wendet sie sich an Jesus und bittet diesen um Hilfe. Doch Jesus schweigt. Auch als seine Jünger ihn auffordern, der Frau zu helfen, weigert er sich, denn er sei »nur gesandt zu den verlorenen Schafen des Hauses Israel«. Die Kanaanäerin aber stammt aus einem anderen Volk, ist eine Fremde, die in den Augen von Jesus weniger wert ist. In der Geschichte steht, dass Jesus zu ihr sagt: »Es ist nicht recht, dass man den Kindern ihr Brot nehme und werfe es vor die Hunde.« Doch die Frau lässt sich von der Zurückweisung nicht beirren. Sie erwidert: »Ja, Herr; aber doch essen die Hunde von den Brosamen, die vom Tisch ihrer Herren fallen.« Jesus ist von der Frau beeindruckt. Er ändert seine Meinung und wendet sich ihr zu: »Frau, dein Glaube ist groß. Dir geschehe, wie du willst!« Folgt man dieser Geschichte, so ist es der feste Glauben der Frau, durch den ihr geholfen wird.

Was hat diese Geschichte nun aber mit Hedwig von Dänemark zu tun? In der auf dem Lichtenburger Bild vor Jesus knienden Frau mag man bei längerer Betrachtung Hedwig zu erkennen glauben.[4] Doch vor allem charakterlich sind sich die beiden sehr ähnlich. So wie die Frau aus dem Gebiet von Kanaan zog auch Hedwig ihre Kraft aus ihrem Glauben. Auch Hedwig war willensstark, mutig und selbstbewusst, aber auch demütig, sorgend und manchmal sogar verzweifelt.[5] Ihre Witwenzeit in Lichtenburg war von einem Krieg geprägt, der später als der Dreißigjährige Krieg (1618–1648) in die Geschichte einging und große Teile Mitteleuropas in Schutt

◆ 1
Detail aus dem Gemälde *Christus und das kanaanäische Weib*. Das großformatige Bild gehört zur Ausstattung der Schlosskirche unter Kurfürstin Hedwig und ist aktuell im Depot des Museums eingelagert.
© Tino Simon

1 Siehe Abb. 1 sowie Sächsisches Staatsarchiv, 10024 Geheimer Rat (Geheimes Archiv), Loc. 10553/01, Bl. 96 – 132 (Inventar)

2 Einer gedruckten Predigt aus dem Jahr 1623 ist zu entnehmen, dass Hedwig um 1620 die Lichtenburger Schlosskirche renovieren ließ. Vgl. MICHAEL, Joseph: Glücksburgische Kirchweih : Eine Christliche Predigt/ bey der Inauguration und bestetigung der newen Kirchen zur Glücksburgk/ Welche von der ... Frawen Hedwig/ Gebornen aus Königlichem Stamme Dennemarck/ Hertzogin zu Sachsen ... Churfürstin ... Widwen/ erbawet/ unnd ... eingeweihet worden / Geschehen den 8. Septemb. ... Anno 1622. Durch Josephum Michaelem Hoffpredigern zur Lichtenburgk/ und Pfarrern zu Prettin, Wittenberg 1623.

3 Vgl. Matthäus-Evangelium (15, 21-28). Im Folgenden zitiert und nacherzählt aus der Lutherbibel von 2017 in https://www.die-bibel.de/bibeln/online-bibeln/lesen/LU17/MAT.15/Matthäus-15 [26.02.2023].

4 Die Figur der knienden Frau weist Züge auf, die entfernt an Hedwig erinnern. Ob dies vom Künstler oder sogar von der Auftraggeberin beabsichtigt war, lässt sich heute leider nicht mehr feststellen.

5 Zur Interpretation der Geschichte vgl. auch https://bibelwelt.de/frau-aus-kanaan/ [26.02.2023].

◆ 2
Zur Hochzeit reiste Hedwig aus Dänemark über das Meer. Das Neptunmotiv findet sich sowohl in ihrer offenen Hochzeitskutsche in Form eines Schiffes, als auch auf dem Neptunbrunnen, den Hedwig im Schlosshof errichten ließ. An der Front das Wappen mit den Initialen H und C für das Paar Hedwig und Christian II.
© Matthias Ritzmann

6 Zu ihrer ausführlichen Biografie vgl. ESSEGERN, Ute: Fürstinnen am kursächsischen Hof, Leipzig 2007, S. 49–220; verkürzt auch ESSEGERN, Ute: Hedwig von Dänemark, in: Sächsische Biografie, hrsg. vom Institut für Sächsische Geschichte und Volkskunde e.V., Online-Ausgabe: http://www.isgv.de/saebi/ [26.02.2023]. Soweit nicht anders angemerkt, stammen die folgenden Ausführungen aus diesen beiden Publikationen.

und Asche legte. Es war ein Glaubenskrieg, in welchem Christen gegen Christen kämpften, Menschen verschiedener Nationen sich in Söldnerheeren gegenüberstanden, ein Menschenleben oft nichts mehr wert war. So mancher Christ, so manche Christin zweifelten in jener Zeit an ihrem Glauben, fühlten sich angesichts des erlebten Schreckens von Gott verlassen. Ob auch die kurfürstliche Witwe solche Gedanken hatte? Es ist anzunehmen. Mehrfach standen kaiserliche und schwedische Truppen in der Nähe des Schlosses – sie mordeten, verwüsteten, plünderten. Doch solange Hedwig hier lebte, blieben die ihr übertragenen Ländereien und die in den Ämtern Schlieben, Schweinitz und Seyda lebenden Menschen vom Schlimmsten verschont. Dies geschah nicht, weil die Region besonders militärisch geschützt gewesen war. Im Gegenteil – Hedwigs Witwenhof umfasste neben den Bauern, Handwerkern, männlichen und weiblichen Bediensteten nur wenige Ritter und Soldaten. Das Schloss und die umliegenden Ämter zu verteidigen, war unmöglich. Doch mit Autorität, Zielstrebigkeit, Hartnäckigkeit sowie mit dem festen Willen, ihre Eigenständigkeit in Lichtenburg nicht aufgeben zu wollen, bewahrte sie ihr Wittum vor dem Untergang. Hedwig zog in jener Zeit, wie die Frau aus Kanaan, ihre Stärke aus ihrem Glauben, aber auch aus ihrem Selbstvertrauen und aus ihrem Selbstbewusstsein.[6]

Hedwig wurde 1581 als Tochter eines Königspaares in Dänemark geboren. Im Alter von sechs Jahren verlor sie ihren Vater, König Friedrich II. von Dänemark (1534–1588). Ihre Kindheit verbrachte die junge Prinzessin an der Seite ihrer Mutter Sophia von Mecklenburg (1557–1631) vor allem auf deren Witwensitz in Nyköbing auf der dänischen Insel Falster, wo sie in alle wichtigen Aufgaben einer zukünftigen Herrscherin eingeführt wurde. Sophia erzog ihre Tochter zu einer selbstbewussten Frau, die sich ihrer königlichen Herkunft und fürstlichen Verwandtschaft stets bewusst war. Hedwig war mit vielen der bedeutendsten protestantischen Fürsten Mittel- und Norddeutschlands, aber auch mit Königinnen und Königen verwandt und bekannt: Ihre Schwester Anna wurde durch die Heirat mit Jakob I. Königin von Schottland, England und Irland. Ihre Schwester Elisabeth war eine verheiratete Herzogin von Braunschweig-Wolfenbüttel, ihre Schwester Augusta wurde Herzogin von Schleswig-Holstein-Gottorp. Hedwig selbst, die jüngste der Schwestern, ehelichte 1602 im Alter von 21 Jahren den zwei Jahre jüngeren sächsischen Kurfürsten Christian II. Die Ehe war von den beiden Müttern durch Vermittlung von pommerschen und brandenburgischen Fürstinnen bereits Jahre zuvor besprochen worden, als Christian gerade neun Jahre alt geworden war und Hedwig selbst elf. Das junge Mädchen hatte, wie damals im Hochadel üblich, kein wirkliches Mitspracherecht bei der Wahl ihres Ehemannes. Den geltenden Normen und Regelungen folgend, fügte sie sich den Wünschen ihrer Familie. Von ihrem Bruder, dem dänischen König Christian IV., erhielt sie eine Mitgift in Höhe von 75.000 Reichstalern. Ihr zukünftiger Ehemann, Christian II. von Sachsen, musste noch einmal die gleiche Summe beisteuern. Das Geld diente als finanzielle Absicherung im Witwenfall – dann standen ihr Zinsen in Höhe von jährlich 15.000 Gulden für sich, ihre Bediensteten und für ihre gesamte Witwenhofhaltung zur Verfügung. Hedwig erhielt damit wesentlich mehr als andere Fürstinnen ihrer Zeit, die oft nur etwa die Hälfte dieser Summe bekamen.[7] Ebenfalls als Vergleich sei angemerkt, dass ein kurfürstlicher Rat, vergleichbar heute mit einem hohen Staatsbeamten, in jener Zeit lediglich nur etwa 1.500 Gulden pro Jahr an Gehalt erhielt.[8]

Die gemeinsamen Ehejahre des Kurfürstenpaares waren von den Annehmlichkeiten des Dresdner höfischen Lebens geprägt. Noch lag der drohende Krieg in weiter Ferne. Sie reisten viel, nahmen an Jagden teil oder empfingen in Dresden fürstliche Gäste. Hedwig blieb, trotz der räumlichen Entfernung, eng mit ihrer Familie in Dänemark und mit ihren verheirateten Schwestern verbunden. Damit einher ging ein intensiver kultureller Austausch zwischen den Fürstenhöfen, gefördert auch durch das bei ihr, ihren Geschwistern und ihrer Mutter nachweisbare Interesse an Naturwissenschaften, an Sprache, Literatur, Malerei und Musik. Hedwig selbst interessierte sich besonders für Mechanik (sie sammelte Uhren), für Malerei (in ihrem Nachlass sind mehr als 500 Gemälde genannt), für Musik (sie förderte zeitlebens zahlreiche Musiker, darunter die Komponisten Michael Praetorius, Heinrich Schütz und möglicherweise auch den Großvater von Johann Sebastian Bach) sowie für Literatur (sie verfügte über eine umfangreiche Bibliothek, förderte Drucklegungen und beherrschte selbst mehrere Sprachen).[9] Hedwigs kulturelles Interesse und ihr intellektuelles Niveau kommen nicht zuletzt auch in ihrer späteren Mitgliedschaft in der *Tugendlichen Gesellschaft* zum Ausdruck. Diese war eine durch Anna Sophia von Anhalt und andere hochadlige Frauen im Jahr 1619 in Rudolstadt gegründete Frauensozietät, deren Aufgabe es vor allem war, den Sprachunterricht und die Schreibfertigkeit des adligen Nachwuchses zu fördern. Zugleich fungierte die *Tugendliche Gesellschaft* für die beteiligten protestantischen Fürstinnen aber auch als konfessionelles Netzwerk, das sie für eigene Themen und zum Ausbau ihrer Einflussmöglichkeiten nutzen konnten.[10]

Doch zurück zum Dresdner Hof: Das Leben von Hedwig änderte sich abrupt, als der sächsische Kurfürst Christian II. im Sommer 1611 unerwartet im Alter von erst 27 Jahren starb. Die junge und kinderlose Witwe heiratete nicht erneut, sondern verbrachte die folgenden 30 Jahre auf ihrem Witwensitz, dem Schloss Lichtenburg mit den Ämtern Schlieben, Schweinitz und Seyda. Ursprünglich sollte sie im Witwenfall gar nicht Lichtenburg bekommen, sondern das Schloss in Sangerhausen. Jenes war aber in einem so desolaten Zustand, dass ein anderer Witwensitz gesucht werden musste. Die Kurfürstin selbst bat ihren Mann daraufhin um Lichtenburg. Damit und mit der Gegend verband sie wohl auch ein Stückchen Heimat: Den Neubau[11] des Schlosses hatte 50 Jahre zuvor ihre ebenfalls aus Dänemark stammende Großtante Anna mitgestaltet, die als Ehefrau des sächsischen Kurfürsten August auch eine sächsische Kurfürstin gewesen war. Außerdem ähnelte die flache Landschaft, durchzogen von Flüssen und Gräben, ihrer alten Heimat auf der dänischen Insel Falster.

Von ihrer Mutter hatte Hedwig gelernt, wie man einen Witwenhof organisiert und führt. Dieses Wissen kam ihr vor allem in den Kriegszeiten zugute. Nur so war es möglich, in jener Zeit eine eigenständige und trotz der kriegsbedingten Einschränkungen immer noch standesgemäße Hofhaltung beizubehalten. 1618 hatte mit dem Prager Fenstersturz ein Krieg begonnen, der 30 Jahre dauerte und erst 1648, sieben Jahre nach Hedwigs Tod,

---

[7] Vgl. ESSEGERN, Ute: Kursächsische Eheverträge in der ersten Hälfte des 17. Jahrhunderts. Ein Vergleich, in: Witwenschaft in der Frühen Neuzeit. Fürstliche und adlige Witwen zwischen Fremd- und Selbstbestimmung, hrsg. von Martina Schattkowsky, Leipzig 2003, S. 115–135.

[8] Vgl. z. B. Sächsisches Staatsarchiv, 10006 Oberhofmarschallamt, K 02, Nr. 01, Hofbuch von 1603.

[9] Zu Hedwigs Interessen vgl. ausführlich ESSEGERN/Fürstinnen (wie An. 6). Zu Bach vgl. zudem auch HAGEDORN, Volker: Bachs Welt: Die Familiengeschichte eines Genies, Hamburg 2016, S. 90-94 und 361-362. Der 1613 im thüringischen Wechmar geborene Musiker Christoph Bach weilte vermutlich vor/um 1640 bis zu Hedwigs Tod in Prettin und heiratete hier die Tochter des Stadtpfeifers, Maria Magdalena Grabler. In den Quellen ist eine persönliche Begegnung Hedwigs und Bachs zwar nicht belegt, jedoch ist dies auch auf die sehr dünne Überlieferungslage zurückzuführen. Möglicherweise war er am Lichtenburger Hof als musikalischer Erzieher der adligen Kinder angestellt – vor allem der Geschwister Anna Maria und Johann Georg von Mecklenburg.

[10] Hedwig wurde 1630 als Nummer 65 unter dem Titel »die Großtätige« aufgenommen: vgl. WADE, Mara: Witwenschaft und Mäzenatentum: Hedwig, Prinzessin von Dänemark und Kurfürstin von Sachsen (1581-1641), in: Die Stadt – Ort kulturellen Handelns von Frauen in der frühen Neuzeit, hrsg. von Susanne Rode-Breymann, Köln u. a. 2007, S. 219-231, hier S. 225. Die Gesellschaftsnamen der Frauen wurden passend zum Charakter und Auftreten der jeweiligen Frauen gewählt – bei Hedwig erscheint ein Bezug zu ihrer Stifter- und Bautätigkeit als Witwe eine naheliegende Erklärung zu sein. Zur „Tugendlichen Gesellschaft" vgl. auch BALL, Gabriele: Fürstinnen in Korrespondenz: Gräfin Anna Sophia von Schwarzburg-Rudolstadt und die »Tugendliche Gesellschaft«, in: WerkstattGeschichte (2013), Heft 60, S. 7–22. Die Gesellschaft brachte es auf 103 Mitglieder, vgl. ebd. S. 10.

◆ 3
Inschrift aus der Zeit Hedwigs über dem Schlosstor: MEINE HOHEIT KOMPT VON GOTT.
© Matthias Ritzmann

*Zur den Aufgaben der Gesellschaft vgl. ebd. S. 16 mit Verweis auf* CONERMANN, Klaus: *Die Tugendliche Gesellschaft und ihr Verhältnis zur Fruchtbringenden Gesellschaft. Sittenzucht, Gesellschaftsidee und Akademiegedanke zwischen Renaissance und Aufklärung, in: Daphnis 17 (1988), S. 513–626, hier 577–582, sowie zur Besonderheit als protestantischer Bund im Dreißigjährigen Krieg auch mit Verweis auf* WESTPHAL, Siegrid: *Frauen der Frühen Neuzeit und die deutsche Nation, in: Föderative Nation. Deutschlandkonzepte von der Reformation bis zum Ersten Weltkrieg, hrsg. von Dieter Langewiesche u. Georg Schmidt, München 2000, S. 363–385, hier S. 38.*

11 Vgl. den Beitrag zu Anna hier im Band; sowie auch BARTKOWSKI, Ariane: Schloss Lichtenburg in der sächsischen Geschichte, online abrufbar unter https://saxorum.hypotheses.org/2211 [25.03.2023].

endete. Fast ihre gesamte Witwenzeit hatte Hedwig mit dieser Kriegsangst zu leben. Doch sie ließ sich nicht entmutigen. Sie wirtschaftete sparsam, reduzierte die Hofhaltung auf ein Mindestmaß und erschloss mit dem Salzhandel für sich neue Einnahmequellen. Am Lichtenburger Hof lebte Hedwig nicht allein. Als Witwe gab sie vielen fürstlichen Kindern eine neue Heimat, erzog jene an Kindes statt und vermittelte für viele ihrer Patenkinder standesgemäße Ehen. Dabei nutzte sie, wenn es sein musste, alle Möglichkeiten ihres Standes geschickt aus, um sich für ihre Schützlinge einzusetzen. An einem Beispiel soll dies kurz verdeutlicht werden: 1637 lebte bei Hedwig die 21-jährige brandenburgische Prinzessin Sophia Elisabeth. Deren Vater, Christian Wilhelm von Brandenburg, war 1632 zum Katholizismus übergetreten und beabsichtigte, seine Tochter mit einem katholischen Fürsten zu verheiraten. Zugleich versuchte er, seine protestantisch gebliebene Tochter zu überzeugen, auch den katholischen Glauben anzunehmen. Sophia Elisabeth wollte weder ihr eigenes lutherisches Bekenntnis aufgeben, noch einen Katholiken ehelichen. Hedwig, der die Prinzessin zur Erziehung anvertraut war, nutzte gezielt ihre Stellung als verwitwete Kurfürstin von Sachsen und ihr Ansehen bei den herrschenden Häusern Sachsens und Brandenburgs als dänische Prinzessin aus, um die Interessen ihrer Pflegetochter durchzusetzen: Mit Zustimmung ihres Schwagers, des regierenden sächsischen Kurfürsten Johann Georg I., verlobte sie einfach die brandenburgische Prinzessin mit dem ebenfalls protestantischen Herzog Friedrich Wilhelm von Sachsen-Altenburg. Die brandenburgische Prinzessin war erleichtert, ihr Vater hingegen tobte. **Deutlich wird hier, dass Hedwig eine selbstbewusste Witwe war, die sich nicht scheute, ihre eigene königliche Abstammung und ihr verwandtschaftliches Netzwerk einzusetzen, um die Grenzen der gesellschaftlich vorgegebenen Spielräume einer hochadligen Frau zu überschreiten.** Auch Hedwig selbst stellte übrigens ihren eigenen Glauben über die Politik: Eine 1617 durch Erzherzog Ferdinand, den späteren Kaiser Ferdinand II., in Erwägung gezogene Heirat mit ihr scheiterte vor allem aus konfessionellen Gründen und an einer Ablehnung Hedwigs.[12]

Trotz der sparsamen Hofhaltung belasteten Hedwig die zunehmende Kriegsdauer und die damit verbundenen finanziellen Probleme. Ungeachtet dessen teilte sie ihre eigenen Vorräte mit ihren Untertanen und mit anderen Hilfsbedürftigen. Sie kümmerte sich um Arme und Notleidende, richtete eine eigene Stiftung ein, ließ Kirchen renovieren und neu bauen. Um ihren Witwensitz vor Plünderungen und Truppendurchzügen zu bewahren, verhandelte Hedwig eigenmächtig und ohne Zustimmung des sächsischen Kurfürsten (denn jenem gehörten die Ländereien, in denen Hedwig lebte) mit feindlichen Heerführern. Sie erwirkte schwedische und kaiserliche Schutzbriefe, die ihr Wittum zum neutralen Gebiet erklärten und so vor dem Schlimmsten bewahrten. Vor allem ihr kirchliches Engagement zeigt, dass für Hedwig der Glaube eine ganz wichtige Rolle im Leben spielte – so wie auch bei der Frau aus Kanaan auf dem eingangs beschriebenen Gemälde.

1641 starb Hedwig im Alter von 60 Jahren auf Schloss Lichtenburg. Damit endeten auch die Schutzbriefe für ihr Wittum. Die bestehende Neutralität war aufgehoben.¹³ Das Kriegsgeschehen traf die Region nun mit voller Wucht. Erst sieben Jahre später wurde der Krieg durch die 1648 in Münster und Osnabrück geschlossenen Friedensverträge beendet. Es dauerte noch Jahre, bis die teils völlig verwüsteten Dörfer wieder aufgebaut waren.¹⁴ Doch die Erinnerung an die Kurfürstin überdauerte die Jahrhunderte und ist bis heute in zahlreichen Kirchen der Region lebendig. Ihre 1624 errichtete Stiftung existiert immer noch und finanziert sich aus Pachteinnahmen von Grundstücken, die sie eigens dafür angekauft hatte. In Gentha steht eine kleine, von ihr gestiftete Fachwerkkirche. Es ist dem adligen Bernhard Ludolph von Kanne aus Klöden zu verdanken, dass das wüste Dorf Gentha nach dem Ende des Dreißigjährigen Krieges wiederaufgebaut

12 Zur Verheiratung der brandenburgischen Prinzessin vgl. ESSEGERN/Fürstinnen (wie Anm. 6), S. 194-197; zu Erzherzog Ferdinand und Hedwig ebd. S. 101.

13 Vgl. z. B. Sächsisches Staatsarchiv, 10024 Geheimer Rat (Geheimes Archiv), Loc. 10553/01, Bl. 27-31: Christian Klemm, Johannes Köhlau und Katharina Elisabeth Wigand berichten am 12. August 1651 aus Lichtenburg, dass die Neutralität des Wittums aufgehoben und schwedische Soldaten eingefallen seien.

14 Vgl. ESSEGERN, Ute: Erinnerungskultur in Pfarrkirchen. Hedwig von Dänemark (1581–1641), die Familie von Kanne und die Kirche zu Gentha, In: Neues Archiv für Sächsische Geschichte, Bd. 83 (2012), S. 207-222, online abrufbar unter https://doi.org/10.52411/nasg.Bd.83.2012.S.207-222.

◆ 4
Laut Leichenpredigt von Hoe von Hoenegg soll Hedwig hinsichtlich ihrer eigenen Bautätigkeit gesagt haben: »Ein guter Vogel lesst ein gut Nest / daran man ihn erkennen kann.« Das Bildnis von Kurfürstin Hedwig von Sachsen hing bis 2023 im Erdgeschoss von Schloss Lichtenburg, es zählt wohl zu den wenigen zeitgenössischen Darstellungen der Kurfürstin.
Anonym, 17. Jahrhundert, Öl auf Leinwand, H 113 × B 88,5 cm, Leihgabe des Landkreises Wittenberg an das Museum der Stadt Annaburg im Schloss Lichtenburg Prettin,
© Tino Simon

15 Vgl. ebd., S. 210, Zitat aus einer jüngeren Abschrift der Genthaer Kirchenchronik: »Anno 1695 ist die Kirche zu Gentha renoviret und die Decke und Stühle von dem Wohlgeborenen Freulein Johanne Elisabeth von Kannen schön blau mit Wolken gemalet worden. Anno 1695 ist der hohe Alter in der Kirche alhier mit der Kanzel gemalt, derin die Abbildung der Einsetzung des Heil. Nachtmahles des Herrn Jesu mit den 12 Aposteln wie auch der Churfürstin Hedwig Name mit C. H. und Königl. Denemarcklichen Wappen gemahlet, so die Frälin Johanne Elisabeth von Kannen an 50 rt. darzu angewendet hat.«

16 Vgl. ebd.

17 Vgl. die Leichenpredigt von Conrad Barthels, Christlicher Leich-Sermon/ Von Der ... Frawen Hedwig/ Gebornen aus Königlichem Stam[m]e Dennemarcken/ Hertzogin zu Sachsen ... Christ-lobseligsten Angedenckens : Da derer verblichener Hoch-Fürstlicher Cörper mit Fürst-üblicher Pomp von derer Churfürstl. Witthumbs-Residentz Liechtenburg nach Freyberg zu seinem Fürstl. Ruhe-Kämmerlein abgeführet / Auff gnädigsten Befehlich und Königlicher Anordnung zu Liechtenburg in der Churfürstlichen Schloß Kirch den 25. Maii 1642. gehalten/ Von Ihrer Churf. Durchl. erst hochgedacht gewesenen Hoffprediger M. Cunrado Barthels, Torgau 1642.

◆ 5
Einer der zwölf Apostel ist weiblich: Diese Abendmahlszene mit Hedwig als Jüngerin (rechts im Bild) gab Johanna Elisabeth von Kanne für den Altar der Dorfkirche in Gentha in Auftrag. Es wurde gerade einer Restaurierung unterzogen. Anonym, um 1695, Öl auf Leinwand, ca. H 131 × B 109 cm, Kirche zu Gentha
© Stefanie Hilden

wurde, damit Hedwigs Kirche wieder zu neuem Leben erwachte und die fürstliche Witwe nicht in Vergessenheit geriet. Das Gut Gentha blieb viele Jahrzehnte in den Händen der Familie von Kanne, die das Andenken an sie weiter bewahrte. 1695 ließ Johanna Elisabeth von Kanne die Kirche in Gentha renovieren und stiftete einen Altar, welcher Hedwig als Jüngerin an der Seite von Jesus beim Abendmahl zeigt.[15] Johanna Elisabeth von Kanne war zu jung, um Hedwig persönlich gekannt zu haben. Und doch scheint sie durch Erzählungen so sehr von jener beeindruckt gewesen zu sein, dass sie ihr mit dem Altarbild ein ganz besonderes Denkmal setzte. In diesem ließ sie die Kirchenstifterin nicht als (passive) Gläubige am Rand des biblischen Geschehens stehen, so wie es im Mittelalter und in der frühen Neuzeit auf vielen Stifterbildern üblich war. Stattdessen platzierte der Maler jene als aktive Jüngerin direkt in das biblische Geschehen, an einen Tisch mit Jesus. Vorbild für diese ungewöhnliche Darstellungsform war vielleicht ein ähnliches Bild von Lukas Cranach dem Älteren, der sogenannte Reformationsaltar in der Wittenberger Stadtkirche. Dort ist unter anderem Martin Luther als Jünger an der Seite von Jesus ebenfalls beim Abendmahl gezeigt.[16]

Hedwig selbst stellte sich jedoch nicht in den Mittelpunkt. Sie lebte wie viele Witwen ihrer Zeit eine für jene typische Frömmigkeit, die in den Anfangsjahren durch den Verlust ihres Ehemannes Christian II. von Sachsen geprägt war. Während ihre ersten kirchlichen Stiftungen wohl noch darauf zurückzuführen waren, änderte sich das mit zunehmender Kriegsdauer. Vielleicht ließ das Kriegsgeschehen sie innerlich verzweifeln, vielleicht zweifelte sie auch an Gott – doch nach außen zeigte sie persönliche Stärke und Glaubenskraft. Das lebte sie vor. Sie sorgte sich um ihre Untertanen, sie teilte und sie half. So blieb sie den Menschen in Erinnerung und so lebte sie in den Geschichten fort. Dass Hedwig durch Johanna Elisabeth von Kanne als Jüngerin Jesu verewigt wurde, zeigt einmal mehr, was Hedwig für viele ihrer Zeitgenossen und auch noch nachkommende Generationen war: Sie war ein Vorbild in ihrem Glauben, eine Bewahrerin der Lehren Martin Luthers, eine Erbauerin von Kirchen. Sie selbst wollte jedoch immer nur eines sein: eine Dienerin Gottes. So soll sie im Angesicht ihres Todes gesagt haben: **»Ich bin eine unnütze Dienerin des Herrn / Ich habe gethan / was ich zu thun schuldig gewesen bin.«[17]**

*... so muß ich ruhig seyn und mich zuthun befleißen was Kindern hoher Art in solchem Fall gebührt*\*

\* *Der sächsischen Kurprinzessin Anna Sophia von Sachsen in den Mund gelegt von Paul Hofmann:*
*Die Durchlauchtigste Chur-Princeßin zu Sachsen /*
*nimmt auff dem Königlichen Schloß in Nieköping /*
*uff Falster /*
*gegen bevorstehender Abreise aus Königreich Dennemarck /*
*Den 7. Dec. Anna 1666. Von Dero Königlichen Eltern /*
*Geschwister und gantzem Reiche Sehnlichen Abschied.*
*1666, Vers 4.*

## KURFÜRSTIN ANNA SOPHIA VON SACHSEN (1647–1717)

»SÄCHSISCHER MARS«, SO NANNTEN SIE MEINEN MANN JOHANN GEORG III. Ständig war er als Kriegsherr unterwegs. Er kämpfte in Österreich und Ungarn gegen die Türken, dann verteidigte er als Oberbefehlshaber der Reichsarmee die westlichen Landesgrenzen gegen Frankreich. Als er 1691 im fernen Tübingen starb, hatte ich ihn seit Jahren nicht gesehen.

Ich war eine Prinzessin aus dem königlichen Hause Dänemark. Als ich ins ferne Sachsen heiratete, brachte ich einen großen Brautschatz mit, der mir ein fürstliches Leben bis ins hohe Alter garantierte. Dem kursächsischen Haus schenkte ich zwei gesunde Söhne, die beide das Mannesalter erreichten. Beide trugen den Kurhut, der jüngere sogar eine Königskrone. Gern hätte ich die Verbindung zwischen der dänischen und sächsischen Familie neu bestärkt. Die von mir über Jahre geschmiedete Heiratsallianz mit einer dänischen Prinzessin sagte mein Ältester, mein Johann Georg, kurz vor dem Beilager ab. Meinen Bruder und mich hat sein Verhalten unsäglich gekränkt, ganz zu schweigen von meiner herzallerliebsten Schwiegertochter in spe. – Die arme Sophie Hedwig hat nie mehr geheiratet. Gott hat meinen Sohn dann schon mit 26 Jahren zu sich gerufen: Gemeinsam mit seiner Geliebten, die er seiner Ehefrau vorgezogen hatte, ist er den Blattern erlegen.

»Bring Himmel! ein'n Achill aus dieser Beyder Bande« – ein Hochzeitswunsch, der in Erfüllung ging, denn unser zweiter Sohn Friedrich August war, Achill ebenbürtig, ein Herkules an Kraft und in der Regierung seines Landes. Zu Recht erhielt er später den Titel *August der Starke*. Zusätzlich zum sächsischen Kurhut erwarb er die polnische Königskrone. Dafür musste er zum Katholizismus konvertieren, während seine Frau dem Protestantismus treu blieb.

Meine jüngere Schwester Wilhelmine Ernestine musste nach dem Tod ihres Mannes, des Pfälzer Kurfürsten, vor den Kriegswirren des pfälzischen Erbfolgekrieges nach Sachsen flüchten. Ich nahm sie in mein Wittum auf und wir verbrachten über zwanzig Jahre gemeinsam auf der Lichtenburg und in Dresden. – Es tat so gut, durch sie meine Sehnsucht nach der dänischen Heimat zu stillen. Vielleicht hat mich die Umgebung von Prettin an unsere eigene Kindheit in Dänemark erinnert, an unseren ländlichen *Prinzessinnenhof* vor den Toren Kopenhagens.

In der Schlosskirche der Lichtenburg wirkte mein ehemaliger Dresdner Hofprediger Philipp Jakob Spener sowie August Hermann Francke. Franckes Pietismus mit seiner Betonung auf der Nächstenliebe lag mir sehr. Sein Waisenhaus in Halle unterstützten meine Schwester und ich finanziell und wir gaben schon bald Waisenkinder in seine Obhut.

August übertrug mir die Erziehung seines Sohnes, der gleich seinem Vater, auf den Namen Friedrich August getauft wurde. An meinem Enkelsohn hatte ich große Freude, er war wissbegierig und wohlerzogen – ganz im lutherischen Sinne. Um seinen Weg zum polnischen Thron zu bereiten, musste auch er auf seiner langen Bildungsreise zum katholischen Glauben wechseln. Vergeblich versuchte ich, gemeinsam mit meiner Schwiegertochter seine Konversion zu verhindern. Gegen den Willen des Landesherrn waren wir Fürstinnen machtlos. War es aus Respekt vor mir, dass der Religionswechsel meines Enkels erst nach meinem Tod öffentlich bekanntgegeben wurde?

**Kurfürstin Anna Sophia von Sachsen in den Mund gelegt von Petra Reichenbach**

**Silke Herz**

# Anna Sophia von Dänemark, Kurfürstin von Sachsen (1647–1717)

ANNA SOPHIA KAM AM 1. SEPTEMBER 1647 ALS ZWEITES VON SECHS KINDERN in Flensburg zur Welt, als Tochter des damaligen dänischen Kronprinzen und späteren Königs Frederik III. und seiner Gemahlin Sophia Amalia, einer geborenen Herzogin zu Braunschweig und Lüneburg. Ihr Bruder bestieg 1670 als Christian V. mit 14 Jahren den dänischen Thron. Ihre Schwestern Friederike Amalie, Wilhelmine Ernestine und Ulrike Eleonore heirateten die späteren Regenten von Holstein-Gottorf, der Kurpfalz und Schweden, ihr Bruder Georg die englische Königin Anna. Zeit ihres Lebens standen die Geschwister im Briefwechsel.

**Kriege gegen Schweden überschatteten Anna Sophias Kindheit.** Zu dieser Zeit war Dänemark noch ein Wahlkönigreich, dessen Könige seit 1448 das norddeutsche Fürstengeschlecht Oldenburg stellte. Dänemark umfasste bis Mitte des 17. Jahrhunderts die Gebiete Norwegens, Dänemarks und Holsteins. Anna Sophias Vater König Frederik III. erklärte 1657 Schweden den Krieg, um verlorene Provinzen zurückzuerobern. Das dänische Festland und seine Inseln wurden daraufhin Opfer von Kriegszügen und schwedischer Besatzung. Die folgende finanzielle Krise des Landes stellte eine bedrohliche innenpolitische Destabilisierung dar. Die bürgerlichen Reichsstände boten daher dem König im September 1660 die Erbmonarchie an, wodurch die notwendigen Sozial- und Wirtschaftsreformen ohne Veto des Adels zur Durchsetzung gelangen sollten. Diese Standeserhöhung hatte sich auch in entsprechender Reputation auszudrücken, beispielsweise in höherem Heiratsgeld und kostbarerer Ausstattung für die Töchter.

◆ 1
Gruppenporträt der Kinder des dänischen Königs Frederik III., von links nach rechts: Friederike Amalie, Anna Sophia mit Frederik auf dem Schoß, Wilhelmine Ernestine und Kronprinz Christian. Paul Prieur, 1671, Kopie eines 1652 entstandenen Gemäldes. Emaille, Dm. 22,3 cm. Die chronologische Sammlung der Dänischen Könige, Schloß Rosenborg, Kopenhagen

ABKÜRZUNGEN
DER ARCHIVE:

*Hauptstaatsarchiv Dresden:*
SächsHStA
*Rigsarkivet Kopenhagen:* RK

1 SächsHStA, 10001 Ältere Urkunden, Nr. 14424.

2 SächsHStA, 10024 Geheimes Archiv, 8792/6, fol. 64r–73r.

3 RK, Kongehuset Frederik 3. Bd. 27, Prinsesse Anna Sophie 1661–1707, pk. 511, Quittungen 1661.

4 RK, TKUA, AI speciel del: Saxen, Politiske Forhold 1666, Bd. 40–27.

5 BRINK, Claudia: Anna Sophia. Fortuna auf dem Glücksschiff, in: Mit Fortuna übers Meer. Sachsen und Dänemark – Ehen und Allianzen im Spiegel der Kunst (1548–1709), Ausstellungskatalog der Staatlichen Kunstsammlungen Dresden 2009, S. 207–211, S. 208.

6 WATANABE-O'KELLY, Helen: Seeking the Consort. Publications for the Wedding in 1666 of Johann Georg III, Electoral Prince of Saxony, an Anna Sophia of Denmark. In: Frauen – Bücher – Höfe: Sammeln vor 1800 (Wolfenbütteler Forschungen 151). Wiesbaden 2018, S. 269–279, S. 269f.

7 RK, TKUA, AII speciel del: Saxen, Politiske Forhold 1663–1664, Bd. 40-26A.

## Anna Sophia erhielt die für eine Prinzessin notwendige Bildung, damit sie nach ihrer Heirat ein Herrscherhaus repräsentieren, höfischen Geselligkeiten vorstehen, Diplomaten empfangen und mehrere Sprachen sprechen konnte.

Fürstentöchter mussten über zeremonielle, politische, historische, rechtliche und wirtschaftliche Kenntnisse verfügen, um die Belange ihres eigenen Hofes regeln zu können und im Notfall fähig zu sein, die Regentschaft des Landes zu übernehmen. Sprachen (Französisch, Italienisch), Religion, Musik (Tanz, Instrumentalmusik, Gesang) und sogenannte *schöne Arbeiten* (textile Handarbeiten, manchmal auch Zeichnen und Malerei) gehörten zum engeren Bildungskanon. Die Rentkammer in Kopenhagen vermerkte Ausgaben für Anna Sophias Tanzmeister und ihren *Praeceptor* (Lehrer), der Bücher zur Unterweisung der Prinzessin erwarb. Auf die sprachliche Ausbildung Anna Sophias wurde sehr viel Wert gelegt. Die Oldenburger waren im 17. Jahrhundert im Wesentlichen deutschsprachig. Laut dem späteren Inventar ihrer Bücher bevorzugte Anna Sophia deutschsprachige Werke, las aber auch Französisch und Italienisch.[1] Als der Großherzog von Florenz, Cosimo III., im März 1668 Dresden besuchte, führte er mit Anna Sophia das Gespräch in Französisch, während Kurfürst Johann Georg II., die Kurfürstin Magdalena Sibylla und der Kurprinz einen Dolmetscher benötigten.[2] Als Kind hatte Anna Sophia täglich eine Französin um sich, »die frantzösische Frau, zu der Prinzessin Har gegeben«[3], die sie 1666 als »die frantzösische Coiffeuse« nach Sachsen begleitete.[4]

## Die Initiative zur Hochzeit ging auf das sächsische Kurhaus zurück.

Sächsisch-dänische Eheschließungen verbanden die beiden Dynastien seit dem 16. Jahrhundert. Anna Sophia sollte nach Anna und Hedwig die dritte dänische Königstochter werden, die ins sächsische Kurhaus heiratete. Durch die Einführung der dänischen Erbmonarchie versprach eine erneute Verbindung mit dem Haus Oldenburg für Sachsen politische Vorteile. Im Sommer 1662 reisten der sächsische Kurprinz Johann Georg III. und seine Mutter, Kurfürstin Magdalena Sibylla, für den Heiratsantrag nach Kopenhagen, ein zweites Mal für die öffentliche Verlobung am 10. Oktober 1663. Als Geschenke brachten sie symbolisch für die reichen Bodenschätze Sachsens Gefäße aus Zöblitzer Serpentin mit. Johann Georg übergab seiner Braut ein kostbares Kleinod mit Diamanten und einer »perfecten birn-Perle«.[5] Für einen dritten Besuch seiner zukünftigen Frau nahm der Kurprinz 1665 erneut die beschwerliche Reise nach Dänemark auf sich. Anna Sophia und Johann Georg hatten daher bereits vor der Hochzeit die Gelegenheit, sich gut kennenzulernen, was für zeitgenössische Fürstenpaare durchaus nicht üblich gewesen war.[6]

Die Verhandlungen zwischen Sachsen und Dänemark zur Ausarbeitung der Eheverträge fanden vorwiegend 1663/64 statt. Das von Staatssekretären beider Familien ausgearbeitete Vertragswerk regelte die rechtlichen Rahmenbedingungen für die Frau am fremden Hof und sicherte ihr Leben bis zu ihrem Tod oder einer Wiederverheiratung finanziell ab. In den Protokollen der in Kopenhagen stattfindenden Verhandlungen ist das Ringen der königlich-dänischen und kurfürstlich-sächsischen Kommissäre dokumentiert.[7] Anna Sophia erhielt mit 100.000 Talern von Dänemark ein ungemein hohes Ehegeld, welches den Aufstieg der Oldenburger zur dänischen Erbmonarchie widerspiegelte. Dieses Geld wurde der Familie des Bräutigams zur Bestreitung des Unterhalts ausgezahlt. Die Familie des Mannes hatte den gleichen Betrag als sogenannte Widerlage anzulegen. Die gemeinsamen Zinsen von Ehegeld und Widerlage entsprachen dem Wittum, das Geld, welches die Fürstin im Fall einer Witwenschaft als Deputat erhielt. Zur Absicherung bekam die Witwe das Leibgedinge, das mehrere Amtsbezirke als Hypothek umfasste, deren Einkünfte dem Wittum entsprechen mussten. All diese Amtseinkünfte überprüften die dänischen Kommissäre. Als Leibgedinge wurden für Anna Sophia die Ämter Schweinitz, Schlieben und Seyda bestimmt, als Witwensitz das Schloss Lichtenburg, ganz so, wie es ihre Vorgängerin Hedwig erhalten hatte.

Die Morgengabe nahm die Braut nach Vollzug des Beilagers von ihrem Gemahl entgegen. Nach langen Verhandlungen hatte der Kurfürst den dafür verlangten 20.000 Reichstalern für Anna Sophia zugestimmt. Diese Morgengabe bekam sie allerdings nicht bar ausgezahlt, sondern nur deren Zins von jährlichen 1.000 Reichstalern, der Anna Sophia bereits während der Ehe zur Verfügung stand. Durch eine zusätzliche Bewilligung von 5.000 Reichstalern standen ihr im Witwenfall pro Jahr 26.000 Reichstaler zu.[8] Ein Streitpunkt war das jährliche Deputat der verheirateten Fürstin, welches die Sachsen mit 15.000 Reichstalern nach dänischer Ansicht zu niedrig angesetzt hatten.

Die Brautausstattung an Schmuck, Geschirr und Kleidung musste von den Oldenburgern in Auftrag gegeben und finanziert werden. Sie blieb frei verfügbares Eigentum der Braut und wurde für ihren persönlichen Lebensbedarf sowie zur Repräsentation genutzt. Anna Sophia brachte eine wahrhaft königliche Ausstattung mit nach Sachsen. Die 30 Seiten umfassende Inventarliste »Der Kleinodien, Silbergeschirr, Kleidung und Bettzeug, wie auch Mobilien« ist von ihrem Vater eigenhändig unterzeichnet und anschließend an Johann Georg II. überstellt worden. Es ist Diamantschmuck im Wert von über 100.000 Reichstalern aufgelistet, außerdem Schmuck mit Smaragden und Saphiren, Gold- und Silbergeschirr, die komplette Einrichtung eines Schlafgemaches, Brokatkleider, Röcke und Unterröcke.[9]

Genau drei Jahre nach der Verlobung, am 9. Oktober 1666, fand im Kopenhagener Schloss die Hochzeit Anna Sophias und Johann Georgs statt, die bis zum 20. November mit 180 Gästen gefeiert wurde. Da schlechtes Wetter die Abreise der Neuvermählten verzögerte, erreichten sie erst Ende Dezember Dresden. Der Einzug einer Braut in die Residenz ihrer neuen Familie wurde generell mit einem repräsentativen Festzug gefeiert. Einschließlich Hofangehörigen, Militär und Bürgerschaft nahmen am Einzug der dänischen Prinzessin in Dresden mehrere Tausend Personen teil.

Der Anna Sophia in Sachsen zustehende Hofstaat war bereits in den Eheverträgen mit 47 Personen genau festgelegt. Die Bestallung der Bedienten solle der Kurfürst im Konsens mit Anna Sophia vornehmen. Die Fürstin musste die Gehälter und die Kleidung ihres Dienstpersonals aus ihrem Deputat zahlen, zur Versorgung ihres Hofstaates standen ihr aber Hofküche, Kellerei, Stall, Wachpersonal und die musikalische Unterhaltung des Haupthofes zur Verfügung. Als Kurfürstin und Landesmutter hatte Anna Sophia das Land zu repräsentieren. Mit ihrem Hofstaat und der Organisation von gesellschaftlichen Zusammenkünften bestimmte sie maßgeblich den Glanz des Hofes. Fürstliche Gäste gaben ihr die Visite. Botschafter und Gesandte machten ihre Antrittsbesuche auch bei Anna Sophia, die sie je nach Rang zur Tafel einlud.

**Die wichtigste Aufgabe einer Fürstin bestand in der Geburt des Thronfolgers zur Fortsetzung der Dynastie.** Damit an der rechtmäßigen Abstammung des Kindes kein Zweifel aufkommen konnte, durfte die Fürstin nie allein sein. Stets umgab sie ihr weiblicher Hofstaat, nachts schlief eine Kammerfrau im Zimmer der Fürstin. Für Anna Sophia und ihren Mann war es ein Glücksfall, dass sie nur dreieinhalb Jahre nach der Heirat bereits zwei gesunde Söhne geboren hatte, die das Erwachsenenalter erreichten.

---

8 ESSEGERN, Ute: *Kein Spielraum für Frauen? Hochzeitsverhandlungen und Heiratsverträge zwischen Sachsen und Dänemark in der Zeit von 1548 bis 1709*, in: Mit Fortuna übers Meer. Ausstellungskatalog 2009 (siehe Anm. 5), S. 55–61, S. 58f.

9 SächsHStA, 10001 Ältere Urkunden, Nr. 13563.

◆ 2
Medaille zur Reise der Kurprinzessin Anna Sophia nach Dänemark im Jahr 1676. Verso: Die drei Flaggen des Schiffes zeigen die Worte *Dieu mon guide* (Gott mein Führer). Ernst Caspar Dürr (1670–1681), Dm. 44,4 mm, 43,78 g. Staatliche Kunstsammlungen Dresden, Münzkabinett, Inv. Nr. BGB 3625

Im Jahr 1672 war Johann Georg noch als Kurprinz zum Landvogt der Oberlausitz ernannt worden, weshalb er mit Anna Sophia teilweise auf der Ortenburg in Bautzen wohnte. Zudem führte er das sächsische Truppenkontingent im Reichskrieg gegen Frankreich an.[10] Auch seine Regierungszeit 1680 bis 1691 war von seiner Teilnahme an den Feldzügen des Reiches geprägt. Kurfürst Johann Georg III. kämpfte an der Seite des Kaisers 1683 in Ungarn siegreich gegen die Türken und brachte türkische Zelte, orientalische Manuskripte und einen Elefanten als Kriegsbeute nach Dresden mit. In Holland trat er 1688 gegen Frankreich an und erhielt im Sommer 1691 endlich den Oberbefehl über die Reichsarmee am Rhein, bevor er im September selben Jahres 44-jährig in Tübingen starb.

Anna Sophias ältester Sohn Johann Georg IV. trat im September 1691 die Herrschaft an. Er starb mit nur 26 Jahren 1694 an den Blattern. Sein jüngerer Bruder, Friedrich August, genannt August der Starke, regierte 39 Jahre von 1694 bis 1733 das Kurfürstentum Sachsen, seit 1697 in Personalunion als König in Polen. Für seine Wahl zum polnischen König trat er zum katholischen Glauben über, was im evangelisch-lutherischen Sachsen mit Zurückhaltung aufgenommen wurde. Größere Differenzen entstanden mit seiner Frau Christiane Eberhardine von Brandenburg-Bayreuth, da sie aus Furcht, zur Konversion gezwungen zu werden, ihren Mann nicht nach Polen begleitete.

Aufgrund des frühen Todes ihres ersten Sohnes und der faktischen Trennung ihres zweiten Sohnes von seiner Gemahlin nach seiner Konversion zum katholischen Glauben konnte sich Anna Sophia nur eines einzigen Enkelkindes erfreuen. Als der Kurprinz anderthalb Jahre alt war, übertrug ihr August die Aufsicht über die Erziehung, um seiner Frau die geforderte Übersiedelung nach Polen zu erleichtern. Wenn Anna Sophia nach Prettin reiste, blieb der Kurprinz jedoch meist mit seiner Dienerschaft in Dresden. Mit Erreichen seines siebenten Lebensjahres 1703 gliederte man den Kurprinzen aus dem Hofstaat Anna Sophias aus und umgab ihn mit einem eigenständigen Hof. Anna Sophia war sich mit ihrer Schwiegertochter in der protestantischen Erziehung des Kurprinzen einig, der am 9. Oktober 1710 ohne Zustimmung des Vaters konfirmiert wurde. Als Reaktion ließ August der Starke seinen Sohn vom Einflussbereich der protestantischen Fürstinnen entfernen. Er sandte ihn begleitet von Jesuiten auf eine nahezu acht Jahre dauernde Bildungsreise nach Frankreich und Italien, auf welcher der sechzehnjährige Prinz 1712 in Bologna insgeheim zum Katholizismus übertrat. Den Wechsel seines Sohnes zum Katholizismus hielt August der Starke bis nach dem Tod seiner Mutter geheim.

**Von jeder Fürstin, besonders einer Landesmutter, wurde eine öffentlich sichtbare Frömmigkeit erwartet**. In der ehelichen Arbeitsteilung war der Fürst für politische und militärische Erfolge zuständig, sie hingegen hatte das Wohlergehen des Landes im Gebet zu befördern. Anna Sophias Beichten und Betstunden hielten die Autoren des Hoftagebuches als wichtige Ereignisse fest. Als »eine theure Beth-Säule« wurde sie anlässlich ihres 50-jährigen

10 MANNSFELD, Max: Das Verhältnis zwischen Kurfürst Johann Georg III. von Sachsen und Kaiser Leopold I. im Kontext der Auseinandersetzungen mit den Franzosen und Osmanen zwischen 1680–1691, Dissertation Universität Leipzig 2018, S. 23–25.

11 GLEICH, Johann Andreas: Der Preiß der Güte Gottes beym Beschluß des Jahres [...] 1716 [...]. Dresden 1717, S. 9.

◆ 3
Kurfürstin Anna Sophia von Sachsen mit ihren Söhnen, links Prinz Johann Georg, in der Mitte der jüngere Prinz Friedrich-August. Um 1675–80, Ölgemälde David von Krafft (1655–1724) zugeschrieben, H 133,5 × B 128 cm, Nationalmuseum, Stockholm, Inv. Nr. NMGrh 874

◆ 4
Philipp Jakob Spener (1653–1705), 1683, Kupferstich von Bartholomäus Kilian (1630–1696) nach einem Gemälde von Johann Georg Wagner, H 32,6 × B 23 cm, https://commons.wikimedia.org/wiki/Category:-Bartholom%C3%A4us_Kilian?uselang=de#/media/File:Philipp_Jacob_Spener.jpg [07.07.2023]

12 SächsHStA, 10001 Ältere Urkunden, Nr. 14424.

13 Stadtarchiv Dresden, Ratsarchiv B XII, 16, Miscellanea Waisenhaus 1685–1723, fol. 53r. – Ebd. Ratsarchiv B XII, 17, Die Aufrichtung des Waisenhauses zu Dresden 1685.

14 Stadtarchiv Dresden, Ratsarchiv B XII, 14a, Die Aufrichtung des Waisenhauses zu Dresden 1685f.

15 Als Vorwerke wurden landwirtschaftliche Wirtschaftsgüter mit Weideland, Vieh, Küchen- und Baumgärten zur Hofversorgung bezeichnet.

Jubiläums in Sachsen gehuldigt.[11] Das fromme Wirken der Fürstin war eine unentbehrliche Stütze des Staates, weshalb die Metapher der Betsäule höchstes Fürstinnenlob bedeutete. Lutherisch erzogen war Anna Sophia zugleich neuen Strömungen empfänglich und schloss sich dem Pietismus an. Im Jahr 1686 berief der Kurfürst mit dem Theologen Philipp Jacob Spener einen der Hauptvertreter des lutherischen Pietismus an den sächsischen Hof als Oberhofprediger. Spener beeinflusste in seinen fünf Dresdner Jahren August Hermann Francke, der mit der Gründung des Waisenhauses in Halle an der Saale den Grundstein der Franckeschen Stiftungen legte. Anna Sophia unterstützte Spener und den Pietismus. Im Jahr 1714 gehörten zu den zahlreichen Büchern religiösen Inhalts ihrer Bibliothek 51 Christliche Schriften, Predigten und Sprüche von Philipp Jacob Spener, 27 weitere Predigten und Berichte des Halleschen Waisenhauses von August Hermann Francke.[12] Francke wiederum widmete seine in zahlreichen Auflagen erschienenen *Sonn- Fest- und Apostel-Tags-Predigten* den beiden dänischen Schwestern Wilhelmine Ernestine und Anna Sophia. Als Spener 1691 dem Ruf nach Berlin folgte, blieb Anna Sophia über Jahre hinweg durch Korrespondenzen mit ihm verbunden.

Zur Aufgabe der Landesfürstin gehörte das Engagement für Notleidende, Arme und Kranke, Waisenkinder und unverheiratete Frauen. Oftmals gingen den wohltätigen Spenden an die Fürstin gerichtete Bittschriften voraus. Dies betraf auch die Einrichtung des 1685 gegründeten Dresdner Waisenhauses, dessen Grundsteinlegung und fortlaufenden Betrieb Anna Sophia finanziell unterstützte.[13] Dabei erfolgte die Gründung auf Initiative des Manufakturisten Johann Jacob Grätzels wohl eher aus wirtschaftlichen als altruistischen Motiven, da die zunächst 12, später bis zu 50 elternlosen, von der Straße geholten Bettelkinder bei freier Kost und Schlafstelle in seiner Seiden- und Schönfärbermanufaktur zu arbeiten hatten.[14]

**Nach der nur elfjährigen Regierungszeit Johann Georgs III. verbrachte Kurfürstin Anna Sophia 26 Jahre als Witwe in Sachsen.** Während eine verheiratete Fürstin den großen Hof ihres Mannes mitnutzen konnte, finanzierte eine Witwe ihren Hof autark von den Einkünften ihres Wittums. Für die unabhängige Hofhaltung benötigte eine fürstliche Witwe zusätzliches Personal für Küche, Kellerei und Stall. Anna Sophias Hofstaat wuchs daher auf ca. 80 Personen. In Abstimmung mit seiner Mutter änderte August der Starke 1695 ihre Wittumsämter in Liebenwerda, Annaburg, Belzig, Gommern und Elbenau, deren Einnahmen sie erhielt. Für die Versorgung ihres Hofes bekam sie neben dem Vorwerk[15] Lichtenburg auch das Amt Zabeltitz mit dem dortigen Schloss zugesprochen, das sie selbst verwalten konnte.[16]

Als Witwe musste sich Anna Sophia keineswegs nur auf ihren Witwensitz Lichtenburg zurückziehen. In Dresden behielt sie weiterhin ihre Wohnung im Residenzschloss, ein Stadthaus auf der Schlossgasse direkt gegenüber dem Schloss und das Italienische Palais mit Lustgarten vor dem Wilsdruffer Tor. Üblicherweise verließ eine Fürstin als Witwe ihre Gemächer im Residenzschloss. Anna Sophia erbat sich jedoch von ihrem Sohn das Wohnrecht im Schloss und behielt ihr bisheriges Appartement im Westflügel des ersten Obergeschosses bis zu ihrem Tod.[17] Es bestand aus der um 1700 typischen Raumfolge von Vor- und Tafelgemächern, Audienzgemach, Schlafzimmer und einem persönlichen Kabinett. Charakteristisch für die Suite waren marmorne Fußböden und Türgewände. Der weibliche Hofstaat Anna Sophias wohnte im dritten Obergeschoss. Auch ihre jüngere Schwester, die verwitwete Pfälzer Kurfürstin Wilhelmine Ernestine, die nach dem Tod ihres Mannes 1685 wegen des darauffolgenden Krieges die Pfalz verließ und nach Sachsen übersiedelte, verfügte über eine Wohnung im Residenzschloss. Diese lag im Südflügel des ersten Obergeschosses, grenzte aber genau an die Räume Anna Sophias an.[18]

**Ihr Witwensitz Schloss Lichtenburg in Prettin lag wie ihre Wittumsämter im Norden Sachsens weitab vom politischen Zentrum.** Obwohl die Lichtenburg Anna Sophia in den Eheverträgen als Witwenresidenz zugeteilt war, konnte sie das Schloss bereits zu Lebzeiten ihres Mannes nutzen. Die dänischen Beamten hatten bei der Aufstellung der Eheverträge auf den guten baulichen Zustand und eine fürstliche Ausstattung bestanden. Es war für gehobene Wohnbedürfnisse vollständig eingerichtet, denn die höfischen Reiselisten dokumentieren den regelmäßigen Besuch der jungen Kurfürstin mit ihren beiden Söhnen.

Ihrer nach Sachsen geflüchteten Schwester Wilhelmine Ernestine offerierte Anna Sophia 1687 das Schloss Lichtenburg als Residenz einschließlich der Nutzung des dortigen Vorwerkes mit Braugerechtigkeit, Schäferei und Ackerbau, Wiesen und Gärten.[19] Zwar musste Wilhelmine Ernestine für die Nutzung 1.100 Reichstaler jährlich zahlen, doch scheint Anna Sophia, die sich über die Nähe ihrer geliebten Schwester sehr freute, bei Zahlungsproblemen großzügig gewesen zu sein und ihr jederzeit aus finanziellen Schwierigkeiten geholfen zu haben. Aus Dankbarkeit setzte Wilhelmine Ernestine ihre Schwester Anna Sophia als Alleinerbin ein.[20] Unmittelbar nach deren Ableben am 23. April 1706 ließ Anna Sophia die fürstlichen Gemächer in der Lichtenburg neu einrichten. Die von ihrer Schwester bewohnten Gemächer scheint Anna Sophia aber im alten Zustand belassen zu haben, denn noch im Inventar von 1709 sind die beiden Appartements der verstorbenen Fürstin beschrieben. Anna Sophias Räume verteilten sich über zwei Raumfolgen im ersten Obergeschoss; sie waren mit bemaltem Goldleder tapeziert und besaßen Kamine, meist mit Einfassungen aus schwarzem Marmor. Mit einem »auff und abfahrenden Stuhl«, einem manuell betriebenen Fahrstuhl, konnte Anna Sophia ohne körperliche Anstrengung ihre Gemächer erreichen.[21] Der nördlich an das Schloss angrenzende Garten spielte für ein Landschloss eine wichtige Rolle, worauf auch die große

---

**16** SächsHStA, 10024 Geheimes Kabinett, 0755/03, fol.3r-6v. – Ebd., 10001 Ältere Urkunden, Nr. 14137.

**17** SächsHStA, 10001 Ältere Urkunden, Nr. 14137.

**18** HERZ, Silke: Königin Christiane Eberhardine – Pracht im Dienst der Staatsraison. Kunst, Raum und Zeremoniell am Hof der Frau Augusts des Starken (Schriften zur Residenzkultur 12). Berlin 2020, S. 147, 158-160.

**19** SächsHStA, 10036 Finanzarchiv, 12045/13.

**20** SächsHStA, 10001 Ältere Urkunden, Nr. 14207. – Ebd. Nr. 14290.

**21** SächsHStA, 10001 Ältere Urkunden, Nr. 14339, S. 49.

◆ 5 Skulptur eines Kavaliers auf einer Säule im Garten des Schlosses Lichtenburg, Fotografie um 1914. Landesamt für Denkmalpflege und Archäologie Sachsen-Anhalt, Bildarchiv, (Akte im Geheimen Staatsarchiv Preußischer Kulturbesitz, GStA PK, I. HA Rep. 77, Tit. 3218c Nr. 1 Bd. 6: Strafanstalt Lichtenburg, Die Neu- und Reparaturbauten bei der Strafanstalt Lichtenburg 1909-25)

Freitreppe verweist, auf der man aus einem mit grünem Goldleder beschlagenen »Garthen Gemach« von der ersten Etage direkt in den Garten treten konnte.[22] Bis 1915 befanden sich dort noch sieben Skulpturen, welche von einer Gartengestaltung aus der Zeit der dänischen Schwestern zeugten.[23]

Dresden mit dem kurfürstlichen, ab 1697 königlichen Hof, der mit seiner Festkultur eine große Anziehungskraft auch für viele fürstliche Gäste hatte, blieb für Anna Sophia ein wichtiger Aufenthaltsort. Die großartigen Karnevalsfeiern, maskierten Aufzüge, Ring- und Quintanrennen, Opern, ab der Regierungszeit Augusts des Starken vor allem auch italienische und französische Komödien, ließen sich auch Wilhelmine Ernestine und Anna Sophia nicht entgehen. Beide Fürstinnen reisten oft zwischen Dresden und Prettin hin und her.

Am 1. Juli 1717 starb Anna Sophia im Schloss Lichtenburg. Mit 70 Jahren durfte sie ein für die Frühe Neuzeit geradezu biblisches Alter erreichen. Anna Sophia hat alle ihre Geschwister, ihren Mann, ihren ältesten Sohn und seine Frau überlebt. Die Bestattung erfolgte in der von ihr in Auftrag gegebenen Gruft in der Lichtenburger Schlosskirche neben ihrer Schwester Wilhelmine Ernestine. Die Eingangsfront besteht aus einem das Portal überfangenden Rundbogen, bekrönt von einem Tympanon. Seitlich des Portals stehen allegorische Statuen der Caritas und der Abundantia, auf dem Giebelfragment sitzen Fides und Desperatio. Engel, die Tod und Verdammnis, Jüngstes Gericht und Himmelfahrt symbolisieren, tragen das sächsisch-dänisch-pfälzische Allianzwappen. Die Figur der Abundantia hat der Bildhauer Balthasar Permoser 1703 signiert – das Grabmal war daher bereits vor dem Tod Wilhelmine Ernestines in Arbeit.[24] Als im Schloss 1811 ein Zuchthaus eingerichtet wurde, überführte man die Särge und das Grabmal mit den Skulpturen in die neueingerichtete Schwesterngruft des Freiberger Domes.

◆ 6
Sogenannte Schwesterngruft mit dem Begräbnis der Kurfürstinnen Anna Sophie von Sachsen und Wilhelmine Ernestine von der Pfalz im Dom St. Marien zu Freiberg (Sachsen).
Foto: Max Nowak, 1945, SLUB/Deutsche Fotothek, df_hauptkatalog_0110769

22 SächsHStA, 10001 Ältere Urkunden, Nr. 14339, S. 39.

23 Geheimes Staatsarchiv Preußischer Kulturbesitz, I. HA Rep. 77, Titel 3218 c, Nr. 1 Bd. 6, Neu- und Reparaturbauten bei der Strafanstalt Lichtenburg 1909–25.

24 ASCHE, Sigfried: Balthasar Permoser, Berlin 1978, S. 159f.

*Vor ... Ihr Wäysen Hauße zubezahlen ... die Gelder à Reichstaler 7.000. sollen alßdann richtig übermachet worden.*

*Der Lichtenburger Hofprediger Johann Adolf Rhein korrespondierte für die spendablen kurfürstlichen Schwestern mit August Hermann Francke bezüglich seines Waisenhauses: »... Nun gantzlich resolvirt und beschlossen, solches Gutes. 7000 Reichstaler Vor [...] Ihr Wäysen Hauße zubezahlen, anbey auch mir Gott befohlen, solche ihr gewisse Resolution, nebenst deren [...] Begrußung, mit dießen Expressen an meinen geliebten Bruder eyligst zuberichten, und von Kauff darauf Zubewerkstellen; die Gelder à Reichstaler 7.000. sollen alßdann richtig übermachet worden. MARTIN, Lucinda: Öffentlichkeit und Anonymität von Frauen im (Radikalen) Pietismus – Die Spendentätigkeit adliger Patroninnen, S. 10. Stab/F: 17,2/14:41 (08.08.1699).*

## KURFÜRSTIN WILHELMINE ERNESTINE VON DER PFALZ (1650–1706)

SCHON IN DER HOCHZEITSNACHT WUSSTEN WIR NICHTS MITEINANDER ANZUFANGEN. Karl muss als Kind sehr unter dem fortwährenden Ehestreit seiner Eltern gelitten haben. Er ist unter der Fuchtel seines strengen Vaters aufgewachsen. Dass sein Gesicht von einer bösen Krankheit, den Blattern, komplett vernarbt war, machte es nicht besser. Er war ein ziemlicher Hypochonder. Ich glaube, ihn ekelte es genauso vor mir, wie mir vor ihm.

Seine Tante Sophie hatte die Hochzeit zwischen Karl von der Pfalz und mir eingefädelt. So musste ich 1671 schweren Herzens meine königliche Familie in Kopenhagen verlassen, um zu ihm nach Heidelberg zu ziehen. Die pfälzische Hofgesellschaft blieb mir fremd und Heimweh war mein ständiger Begleiter. Einziger Lichtblick war Karls Schwester, Liselotte von der Pfalz. Wie schade, dass sie schon sechs Wochen nach meiner Hochzeit nach Frankreich ziehen musste, um den Bruder Ludwigs des XIV. zu heiraten. Auch wenn sie jetzt am Hof des Sonnenkönigs lebte, unsere Brieffreundschaft pflegten wir weiter.

1680 wurde Karl Kurfürst von der Pfalz. Er liebte aufwändige Theateraufführungen, unsere Hofhaltung war völlig überdimensioniert und die Militärausgaben konnten auch durch Steuererhöhungen nicht gedeckt werden. Als er nach fünf Jahren an den Folgen eines Fiebers starb, war die Staatskasse leer.

Nach seinem Tod 1685 wurde die Pfalz katholisch und schließlich von französischen Truppen verwüstet. Mich zog es nach Prettin auf den Witwensitz meiner geliebten Schwester. So war ich Anna Sophia wieder fast so nah wie in unserer Kindheit, als wir noch dänische Prinzessinnen waren. – Wie sehr hatte ich sie vermisst!

Wir verbrachten viele Jahre gemeinsam auf der Lichtenburg und in Dresden. Sechs Jahre nachdem ich Witwe wurde, starb auch ihr Mann. Wir machten uns gemeinsam daran, Schloss und Garten wieder vorzeigbar zu machen. Ich bin ihr sehr dankbar, dass sie mich hier finanziell unterstützte, dafür vermachte ich ihr meinen gesamten Erbschatz.

In der Lichtenburg entstanden neue Treppen, Zimmer mit doppelten Türen, großen Fenstern, Wandmalereien und kostbaren Tapeten. Wir ließen die Turmuhr, die Turmkugel und die Fahne reparieren und Kugel und Fahne wieder vergolden.

Ein französischer Lustgarten entstand mit Alleen, Springbrunnen, einem Pavillon, einer Orangerie und sogar einer kleinen Menagerie mit exotischen Tieren für Anna Sophias kleinen Enkel Friedrich August, der zeitweise bei uns im Schloss Lichtenburg aufwuchs.

Weil wir auch im Tod beieinander ruhen wollten, beauftragten wir Balthasar Permoser mit unserer Schwesterngruft. Permoser hatte bei herausragenden italienischen Bildhauern gelernt, er prägte den Dresdner Barock wie kein Zweiter. Für unsere kunstvolle Grabstätte ließen wir unter der Schlosskirche der Lichtenburg ein Grabgewölbe bauen. Ich wurde 1706 dort begraben. Meine Schwester folgte mir neun Jahre später.

Nach einem weiteren Jahrhundert wurde unsere Gruft mit einer feierlichen Prozession in den Dom zu Freiberg überführt, wo unsere Vorgängerinnen, die auf der Lichtenburg lebten, begraben sind, nämlich Anna von Sachsen und Hedwig von Sachsen. Unser aller schönes Schloss wurde im Jahr 1811 zur Strafanstalt umgenutzt – da wäre unsere letzte Ruhe empfindlich gestört worden.

**Kurfürstin Wilhelmine Ernestine von der Pfalz in den Mund gelegt von Petra Reichenbach**

WILHELMINA ERNESTINA D. G. DANIÆ NORW: VANDAL:
ET GOTHOR: PRINCEPS, HÆRES; COMES PALATINA AD RHEN: ET PRIN: ELECTORALIS
DVCISSA BAVAR: SLESW: HOLST: STORM: ET DITMAR: COMES OLDENBVR: ET DELMENHORSTY, ecc.

Joh: Georg Wagner pinxit  Philipp Kilian sculps. Francofurt

Ariane Bartkowski

# *Pietismus, Ehekonflikt und Witwenschaft – Kurfürstin Wilhelmine Ernestine von der Pfalz (1650–1706)*

ALS WILHELMINE ERNESTINE (AUCH WILHELMINA ERNESTINA) AM 23. APRIL 1706 STIRBT, hinterlässt sie nur sehr wenige bis fast gar keine Aufzeichnungen, um von ihr ein aufschlussreiches Lebensbild skizzieren zu können. Im Gegensatz zu manch anderen Fürstinnen ihrer Zeit, spielte die dänische Prinzessin aus dem Haus Oldenburg bisher keine größere Rolle in der wissenschaftskritischen Auseinandersetzung. Dies liegt vermutlich an den spärlichen Quellen bzw. Überlieferungen, welche die Kurfürstin hinterlassen hat bzw. eher nicht hinterlassen hat. Nur wenige Briefe existieren von ihr. Dennoch spielte sie nicht nur eine wesentliche Rolle in der sächsischen Barockarchitektur – war sie doch maßgeblich beim Umbau des Schlosses Lichtenburg in Prettin beteiligt und setzte sich für wohltätige Zwecke ein, indem sie beispielsweise das Waisenhaus in Halle (später Franckesche Stiftungen) unterstützte – sondern mit ihrer Schwester Anna Sophie, der Kurfürstin von Sachsen und Mutter August des Starken (1647–1717), korrespondierte sie zudem in pietistischen Kreisen.

Am 20. Juni (jul.) bzw. 30. Juni (greg.) 1650 kam Wilhelmine Ernestine am dänischen Hof in Kopenhagen des Königs Friedrich III. von Dänemark und Norwegen (1609–1670) und dessen Gemahlin Sophie Amalie (1628–1685) zur Welt. Über ihre Erziehung ist nichts bekannt[1], ebenso nicht über ihre jungen Jahre am Hof in Kopenhagen. In den Quellen tritt sie erst durch ihre Heirat mit dem pfälzischen Kurprinzen Karl (Kurfürst Karl II. von der Pfalz, 1651–1685) im Jahr 1671 in den Vordergrund. Die Ehe wurde von Karls Tante, Sophie von der Pfalz (1630–1614), die spätere Kurfürstin von Braunschweig-Lüneburg und designierte Thronfolgerin der britischen Monarchie, vermittelt. Durch ihre briefliche Korrespondenz ist die Heirat zwischen Wilhelmine und Karl detailliert erfasst.

◆ 1
Wilhelmine Ernestine von Dänemark, Kurfürstin von der Pfalz, 1676/1700. Kupferstich (H 57,6 x 43,6 cm) von Philipp Kilian nach einem Gemälde von Johann Georg Wagner, Staatliche Kunstsammlungen Dresden (SKD), Kupferstich-Kabinett, Inventar-Nr.: A 21765 in A 214d, Foto: Regine Richter, SLUB / Deutsche Fotothek / df_hauptkatalog_0280379

1 *Dafür ist über die Erziehung ihrer Schwester Anna Sophie hinreichend berichtet worden, durch die sich Rückschlüsse über Wilhelmine Ernestines Erziehung ziehen lassen.*

Sophie hatte von Beginn an die dänische Prinzessin für ihren Neffen vorgeschlagen. Andere Vorschläge, welche Karls Vater, Kurfürst Karl I. Ludwig (1617–1680) an seine Schwester schrieb, wurden von ihr meist kritisch bewertet, so dass ihr Bruder letztlich einwilligte.[2] 1669 folgten die ersten ehelichen Verhandlungen. Die Anforderungen an die zukünftige pfälzische Kurfürstin waren dabei klar definiert. Karls Vater achtete sehr darauf, dass seine zukünftige Schwiegertochter sich an das sparsame pfälzische Haus anpassen, aber auch nicht aus zu einfachen Verhältnissen stammen solle. Zudem solle sie – in Hinblick auf die Weiterführung der Linie – gesund und ein »gewinnendes Äußeres« besitzen, um dem zukünftigen Kurfürsten zu gefallen. Wilhelmine Ernestine schien allen Anforderungen zu genügen und Karls Tante konnte sie nicht genug rühmen: ihre schönen Augen, ihr angenehmes, liebliches Gesicht, ihre »vollen Arme und Hände«. Jedoch sei sie »en peu trop replette« (»etwas zu plump«). Je länger die Verhandlungen dauerten, umso mehr trat diese Eigenschaft hervor. Doch ihrer Korpulenz standen ihre Natürlichkeit und ihr angenehmes Wesen entgegen und Neigungen zu intrigantem Verhalten verspüre sie nicht, was wiederum für sie sprach. Sie sei bescheiden erzogen – generell gehe es im Gegensatz zu anderen europäischen Höfen in Kopenhagen eher bescheiden zu – und zudem nicht zu anspruchsvoll. Wilhelmine Ernestine wäre ein guter Gegensatz zu der eher lebhaften Schwester Karls, Lieselotte, die sich an ihr ein gutes Beispiel nehmen könne.

Ein Aspekt wird in den Briefen jedoch nicht erwähnt – die Konfessionsunterschiede der beiden zukünftigen Ehepartner. Während Wilhelmine Ernestine streng lutherisch erzogen war, gehörten die Pfalz und somit auch ihr zukünftiger Gatte dem reformierten Glauben an. Ihren Glauben konnte Wilhelmine Ernestine allerdings in ihrer neuen Heimat uneingeschränkt ausleben. Die Pfalz duldete Lutheraner – hatte Karls Vater doch eigens für sie in Heidelberg eine Kirche erbauen lassen *(Providenzkirche)*. Wilhelmine Ernestine durfte sogar einen von ihr gewählten, aber vom Kurfürsten bestätigten Seelsorger mitbringen. Dieser solle sich lediglich zur Königlichen Dänischen Kirchenordnung bekennen und die hiesigen Geistlichen nicht in ihrer Arbeit behindern. Er habe nur für Wilhelmine Ernestine und ihrer Dienerschaft in der Stellung als Geistlicher zu agieren.

Im April 1670 waren die Verhandlungen so weit fortgeschritten, dass ein Ehevertrag aufgesetzt werden konnte. Da Karl, der bis zum Tod seines Vaters sehr unter dessen tyrannischer Art zu leiden hatte, während dieser Zeit noch als sehr unerfahren galt, wurde er im Sommer 1670 auf Bildungsreise geschickt. Diese nahm für den zukünftigen Kurfürsten jedoch einen negativen Ausgang, da er sich mit den Windpocken ansteckte und durch die Infektion sein Gesicht entstellt wurde. Seine Schwester schrieb an ihre Hofmeisterin, dass sie ihn fast nicht wiedererkenne und die dänische Prinzessin »itzunder auf sein gutt gemüth« als auf sein Gesicht sehen müsse. Die Krankheit verzögerte seinen Besuch in Kopenhagen, welchen er erst im April 1671 antreten konnte, um so seine zukünftige Braut persönlich in Augenschein nehmen zu können. Zwei Monate später erfolgte schließlich die Verlobung, jedoch ohne größere Feierlichkeiten. Wilhelmine

2 LORENTZEN, *Theodor: Die Hochzeit des Kurprinzen von der Pfalz mit der dänischen Prinzessin Wilhelmine Ernestine*, Heidelberg 1898, S. 4.

◆ 2
**Jugendbildnis der Kurfürstin Wilhelmine Ernestine von Dänemark.** Dem Porträtmaler Abraham Wuchters (1608–1682) zugeschrieben, Kopenhagen um 1675, Öl auf Kupfer, H 72 × B 66,5 cm. Die chronologische Sammlung der Dänischen Könige, Schloß Rosenborg, Kopenhagen

Ernestines Mutter wollte die Hochzeit in Kopenhagen durchführen, aber der Wille von Karls Vater war unbeugsam und Karl gehorchte – wie immer – seinem Vater. Im Juli reiste Karl nach Heidelberg zurück, sein Vater setzte die Hochzeit für den 18. September 1671 fest. Wilhelmine Ernestine wurde nun ebenfalls für ihre Abreise vorbereitet, so dass sie mit großem Gefolge am 14. August 1671 ihre Heimatstadt verließ. Während ihre Mutter sie über Gottorp nach Altona begleitete, verblieb der König in Kopenhagen. In Altona wurde Wilhelmine Ernestine von ihren drei Onkeln samt Gemahlinnen in Empfang genommen. Ihr Onkel Ernst August von Osnabrück und seine Frau hatten sich verpflichtet, sie weiter nach Heidelberg zu begleiten. Zudem reisten als offizielle Vertreter des Königs von Dänemark der Reichsmarschall Johann Christoph von Körbitz und der Landrat und Amtmann Detlev von Ahlefeldt (1617–1686) mit. Nach dem Abschied von ihrer Familie reiste Wilhelmine Ernestine am 25. August mit nicht weniger als 463 Personen und 528 Pferden weiter nach Harburg. Von Lüneburg ging es weiter über Kassel, Marburg, Gießen bis nach Frankfurt. Unterwegs lernte sie auch ihre Schwiegermutter kennen, die jedoch von Wilhelmine Ernestine nicht sehr angetan war. In Heidelberg wurde die Hochzeit bereits vorbereitet, jedoch kam es kurz vor Wilhelmine Ernestines Ankunft zu einem eklatanten Zwischenfall. Zum Hintergrund der Ereignisse muss gesagt sein, dass Karls Vater, Karl Ludwig, sich von seiner ersten Gemahlin Charlotte von Hessen-Kassel (1627–1686), getrennt hatte. Er vermählte sich daraufhin neu mit Maria Susanne Loysa von Degenfeld (Luise von Degenfeld, 1634–1677), nachdem er sich als Herr seiner Kirche selbst hatte scheiden lassen – auch für damalige Verhältnisse ein sehr zweifelhaftes und rechtlich umstrittenes Unternehmen. Die Eheschließung erfolgte zur *linken Hand*. Das bedeutet, Marie konnte durch ihren niederen Stand keine Kurfürstin werden und auch die gemeinsamen Kinder waren von der Thronfolge ausgeschlossen. Karl Ludwig konnte sie lediglich zu einer Raugräfin[3] ernennen. Aus der Ehe gingen 13 Kinder hervor. Karls Vater forderte nun, dass bei der Hochzeit auch eine seiner Töchter die Schleppe tragen und seine neue Gemahlin sowie ihre Kinder im Gefolge Vorrang haben sollen. Die von Wilhelmines Ernestines Vater mitgesandten zwei Kommisarien waren über diese bis dato nicht getroffene Forderung bestürzt. Die Ehe von Karls Vater war nie offiziell gelöst worden und gaben sie der Forderung nach, hätten sie die immer noch offizielle als Kurfürstin von der Pfalz titulierte Charlotte von Hessen-Kassel schwer beleidigt und sich damit auf die Seite der Raugräfin gestellt. Dies hätte für das weit verzweigte europäische Fürstenhaus weitreichende Konsequenzen gehabt und die zwei Kommissarien konnten dieser Forderung nicht nachgeben. Es folgten lange Verhandlungen, denn Karls Vater war nicht zur Einkehr zu bewegen. Letztlich wurde der Forderung Karl Ludwigs nachgegeben, befürchtete man doch, dass Wilhelmine Ernestine wieder nach Dänemark zurückkehren müsse.

Wie bereits erwähnt, besitzen wir von Wilhelmine Ernestine kaum schriftliche Quellen. Nur der Briefwechsel mit Karls Tante Sophie und seiner Schwester, Lieselotte,[4] – die selbst an der Hochzeit der beiden noch teilnahm, bevor sie ihr neues Leben in Frankreich am Hof des Sonnenkönigs antrat – sowie vereinzelte Briefe geben Zeugnis über ihre Lebensumstände. Sind es doch vor allem die Briefe von Karls Tante, welche Wilhelmine anfänglich noch als perfekte Partnerin für ihren Neffen sah, die sie im Laufe der Zeit immer

◆ 3
Medaille auf die Vermählung des Kurfürsten Karl mit Wilhelmine Ernestine von Dänemark, 1671.
Johann Linck (1659–1711)
Landesmuseum Württemberg, Inv. Nr.: MK 23133.

3 *Die Raugrafen waren bis zum 15. Jh. ein Adelsgeschlecht mit Besitzungen der Grafschaft Nahegau (heute Rheinhessen). Der Ursprung des Namens ist nicht eindeutig geklärt, am wahrscheinlichsten geht er auf die Belehnung mit einer rauen, bewaldeten, bergigen bzw. unbebauten Gegend zurück. Nachdem die Linie im 15. Jh. ausgestorben war, fiel der Besitz an die Kurpfalz. Karl Ludwig erneuerte diesen Titel für seine zweite Gemahlin, jedoch ohne Besitz. Keines der 13 Kinder Marie Louises konnten die Linie fortführen, da sie entweder als Kind, kinderlos, als Soldaten oder im Duell starben.*

4 HILLE, Georg: Eine fröhliche Rheinfahrt 1671, Zeitschrift der Gesellschaft für Schleswig-Holstein-Lauenburgische Geschichte, 13. Band, Kiel 1883 S. 286.

wieder als sehr still, hölzern, zu politisch und zurückgezogen beschrieben. Am liebsten saß sie für sich allein in ihren Gemächern und nur schwer beteiligte sie sich an Gesprächen. Ein französischer Gesandter beschrieb, wie er sie, als sie während des Brautzugs von Harburg nach Hannover begleitete, zu einem Gespräch animieren wollte. Allerdings kam es auf der gesamten Reise zu keinem Wortwechsel.[5] Auch Karls Mutter war bei ihrem Zusammentreffen von der Schweigsamkeit und Zurückhaltung ihrer zukünftigen Schwiegertochter sehr betroffen. Seine Mutter hatte schon Karls Tante Sophie in Verdacht, Wilhelmine Ernestine zu dieser Zurückhaltung angestiftet zu haben. Doch war es lediglich Wilhelmines Ernestines Charakter und sie selbst beklagte es sehr, dass sie mit ihrer Art nicht an den lebhaften pfälzischen Hof passe.[6] In der Öffentlichkeit, so Karls Tante, sei sie sehr zurückhaltend, in einem vertrauten Umfeld allerdings, taue sie regelrecht auf, entwickle viel Geist, Anmut und Liebenswürdigkeit. Dies kann allerdings durch die fehlende Überlieferung nur schwer belegt werden. Ein weiterer Charakterzug Wilhelmines Ernestines wird in den Quellen jedoch auch von ihrem Gemahl bezeugt – ihre Abneigung gegenüber der Raugräfin, welche sie ignorierte und durch ihr Benehmen schwer kränkte. Sie besuchte sie nie, auch nicht, wenn Louise krank war und selbst vor ihrem Tod verweigerte sie ihre Aufwartung. Empfing sie die Raugräfin, bot sie ihr nicht einmal einen Platz an und erkundigte sich nur durch ihre Dienerschaft über deren Befinden, was selbst ihr Mann Karl und ihr Schwiegervater beklagten.[7] Jedoch ging es Lieselotte mit der Raugräfin nicht anders.[8] Besonders der Kurfürst war erzürnt von ihrem Benehmen, wurde ihm doch von seiner Schwester Sophie versichert, dass Wilhelmine die familiären Hintergründe seines Hauses akzeptieren und tolerieren würde. Dies führte zu Streitigkeiten zwischen Wilhelmines Ernestines

5 LORENTZEN, S. 27–28.

6 Ebd., S. 28.

7 Ebd., S. 28–29.

8 VAN DER CRUYSSE, Dirk: Madame sein ist ein ellendes Handwerck. Liselotte von der Pfalz. Eine deutsche Prinzessin am Hof des Sonnenkönigs, 14. Auflage, München 2015, S. 105.

◆ 4
Grundriss von Schloss und Garten Lichtenburg, 1804, Bleistift, Feder, farbig laviert, mit Bezeichnung der Gebäude und Gartenteile.
Hauptstaatsarchiv Dresden, Sächsisches Staatsarchiv, 10006 Oberhofmarschallamt, Nr. Cap. 11, Nr. 25

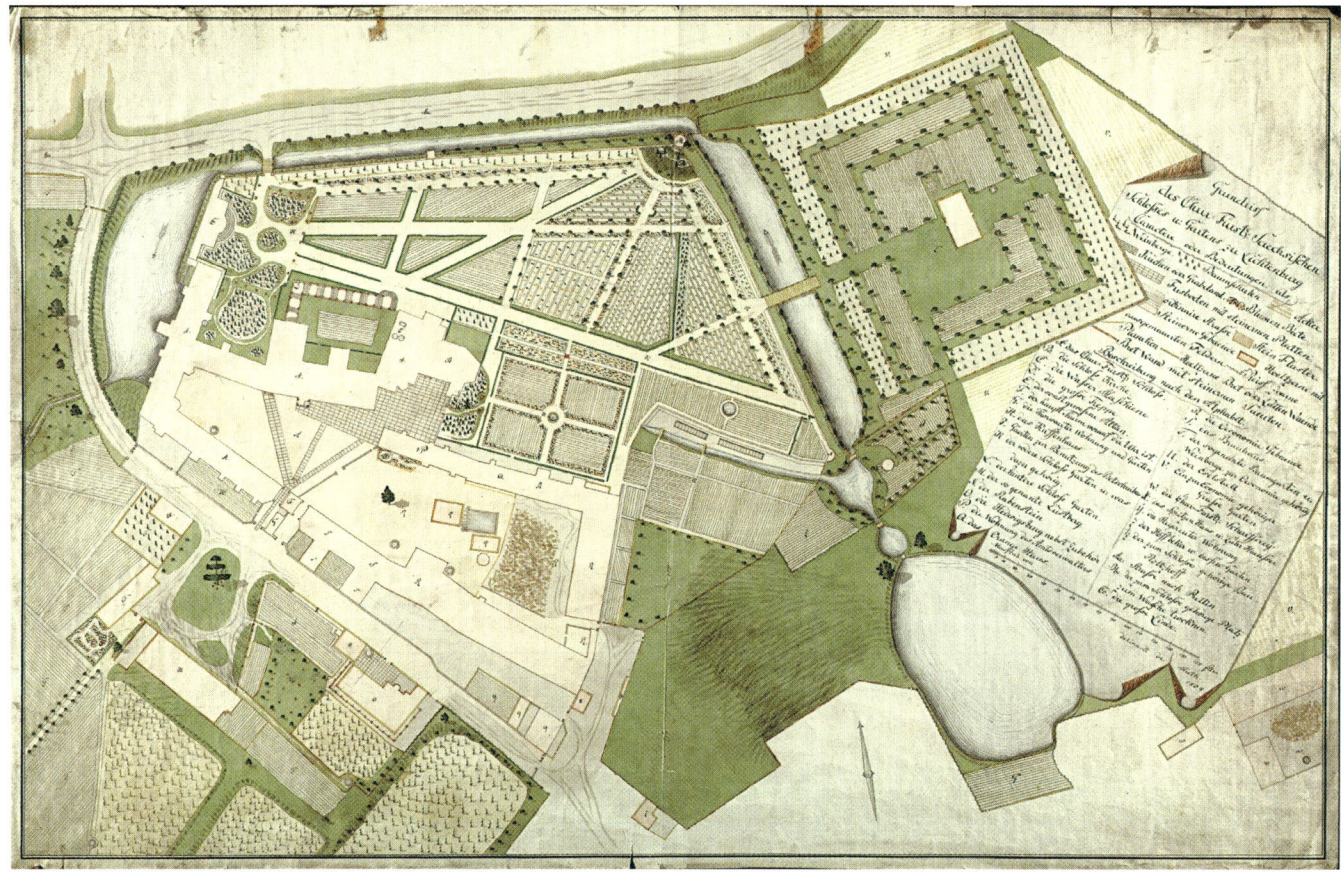

Gemahl und seinem Vater. Doch dies rührte wohl aus zu weit entfernteren Konflikten zwischen Vater und Sohn, welche hier nicht weiter thematisiert werden sollen. Wilhelmine Ernestine konnte ihren Gemahl, der zu Beginn noch sehr angetan war von ihr, nicht lange an sich fesseln.[9] 1680 wurde Karl, nachdem sein Vater verstorben war, zum Kurfürsten der Pfalz. Zu dieser Zeit hatten sich er und Wilhelmine Ernestine bereits auseinandergelebt. 1682 beschreibt er ihre Gegensätze: sie liebe die Einsamkeit, er die Gesellschaft; sie tue nichts als zu sitzen und er hasse es bereits, dass er so lange bei Tafel sitzen müsse; sie erfreue sich an vielen kleinen Dingen, welchen er nicht einmal Beachtung schenke. Diese Abneigung wird so stark werden, dass er sich ein Jahr vor seinem Tod einer Hofdame aus dem Haus Rüdt von Collenberg zuwendet. Als Karl 1685 stirbt, gehen aus der Ehe keine Kinder hervor, womit die Linie von Pfalz-Simmern ausstarb und die unglückliche Ehe Auslöser des Pfälzischen Erbfolgekriegs war.

Durch den Tod ihres Mannes zog Wilhelmine Ernestine sich nach Prettin auf das Schloss Lichtenburg zurück und lebte dort mit ihrer Schwester Anna Sophia über 20 Jahre zusammen, wobei sie sich auch am sächsischen Hof in Dresden aufhielten. Wilhelmine Ernestine entflieht damit nicht nur dem erdrückenden pfälzischen Hofstaat, welchen sie sich nie zugewandt fühlte, sondern sie konnte sich an diesem Ort entfalten und ihren Interessen nachgehen, indem sie beispielsweise das Schloss umfassend modernisieren ließ. Wilhelmine Ernestine ließ nicht nur den Garten, welcher fast komplett verfallen war, neu herrichten, sondern sie ließ nach französischem Vorbild einen Lustgarten mit Alleen, Springbrunnen, einer Orangerie, einem Pavillon und Menagerie errichten. Dieser Garten war von einer hohen Mauer umgeben, die wiederum mit Weinstöcken begrünt wurde. Im Garten wurden zudem mehrere Obstbäume gepflanzt. Es galt zu ihrer Zeit als eines der schönsten Schlösser Sachsens.[10] Da das Schloss im Laufe der Jahrhunderte eine umfassende Umgestaltung erfuhr, ist eine Rekonstruktion für diese Zeit nur schwer nachvollziehbar.

Die Schwestern erhielten zudem mehrere und lang andauernde Besuche von Annas Sophias Sohn und späteren Kurfürsten von Sachsen Friedrich August I. (1670-1733), auch als August der Starke bekannt, den sie teilweise hier erzog. Die Schwestern förderten weiterhin die Bestrebungen des August Hermann Francke (1663–1727) und des Hofpredigers Philipp Jacob Spener (1653–1705) zum Pietismus, einer neuen Bewegung mit dem Ziel, die Frömmigkeit und Nächstenliebe des Einzelnen zu bestärken. Dabei schien es zunächst immer Anna Sophia zu sein, die zu Spener und Francke enge Verbindungen knüpfte. Doch auch Wilhelme Ernestine unterstützte die beiden. Spener widmete ihr beispielsweise eine Predigt und bedankte sich für ihre Wohltaten. Diese Wohltaten, von welchen er spricht, stehen ganz im Zeichen pietistischer Bestrebungen.[11] Leider geht er nicht näher darauf ein, um welche Wohltaten es sich genau handelt. Auch Francke widmete ihr sein *Abendmahl des Lammes* von 1697,[12] eine Predigt, welche er zuvor auf Schloss Lichtenburg gehalten hatte.[13]

Zu diesem Kreis gesellte sich auch Johann Adolf Rhein (1646–1709), der seit 1687 der Hofprediger auf Schloss Lichtenburg war. Der Kreis um Spener, Francke und Rhein wird zum festen Bestandteil auf dem Schloss.

Außerdem unterstützte Wilhelmine Ernestine Franckes Bemühungen zur Gründung eines Waisenhauses in Halle (spätere Franckesche Stiftungen). Am 10. Mai 1699 schreibt Francke aus Halle an Wilhelmine Ernestine, dass die acht Kinder, welche sie geschickt hatte, gestern im Waisenhaus in Halle angekommen seien. Er versichere ihr, dass sie eine

9 LORENTZEN, S. 29.

10 *Historisch-Politisch-Geographischer Atlas der gantzen Welt. Oder grosses und vollständiges geographisch- und critisches Lexicon*, 6. Teil, Leipzig 1747, S. 1838.

11 MARTIN, Lucinda: *Öffentlichkeit und Anonymität von Frauen im (Radikalen) Pietismus – Die Spendentätigkeit adliger Patroninnen*, in: BREUL, Wolfgang; VOGEL, Lothar: *Der Radikale Pietismus*, Göttingen 2009, S. 399.

12 FRANCKE, August Hermann: *Das Abendmahl des Lammes / In einer Predigt über das Evangelium*, Halle 1699, S. 15 und FRANCKE, August Hermann: *Sonn-, Fest- und Aposteltagspredigten*, Halle 1709, S. 9.

13 Brief von August Hermann Francke an Wilhelmine Ernestine, Kurfürstin von der Pfalz am 05.12.1697 aus Halle (Glaucha), Franckesche Stiftungen zu Halle, Signatur AFSt/H D 113, 7-8.

14 *Brief von August Hermann Francke an Kurfürstin Wilhelmine Ernestine von der Pfalz am 10.05.1699 aus Halle (Glaucha), Franckesche Stiftungen zu Halle, Signatur AFSt/H C 838 : 10.*

15 *Brief von August Hermann Francke an Wilhelmine Ernestine, Kurfürstin von der Pfalz am 10.01.1698 aus Halle (Glaucha), Franckesche Stiftungen zu Halle, Signatur AFSt/H D 113, 53–57.*

16 *Lucinda, Öffentlichkeit und Anonymität, S. 401.*

◆ 5
Undatierter Aufriss des Portals der Begräbniskapelle der beiden Kurfürstinnen Anna Sophie von Sachsen und Wilhelmine Ernestine von der Pfalz, Prinzessin von Dänemark in der Schlosskirche Lichtenburg, realisiert 1703–1715 von Balthasar Permoser. Undatiert, Feder, rot und schwarz laviert, H 59 × B 46 cm, Hauptstaatsarchiv Dresden, Sächsisches Staatsarchiv, 10006 Oberhofmarschallamt, Nr. Cap. 11, Nr. 24a

ordentliche Erziehung erhalten werden, und er sei bereit, weitere Kinder aufzunehmen.[14] Ein Jahr zuvor hatte sie für das Waisenhaus 200 Reichstaler gespendet. Francke bedankt sich bei ihr dafür am 10. Januar 1698.[15] Die Spendentätigkeit Wilhelmines Ernestines aber auch ihrer Schwester setzte sich bis zu deren Tod fort.[16]

Bedeutend war auch die bereits zu ihren Lebzeiten auf Schloss Lichtenburg errichtete Schwesterngruft von dem Bildhauer Balthasar Permoser (1651–1732). **Anna Sophie und Wilhelmine Ernestine konnten damit nicht nur zu Lebzeiten, sondern auch nach dem Tod ihre schwesterliche Verbundenheit fortsetzen.** Im Jahr 1811 wurde die Gruft mit den darin befindlichen Leichnamen in den Freiberger Dom überführt, da Schloss Lichtenburg im Zuge einer Gefängnisreform in eine Strafanstalt umgewandelt und die Unterbringung der Leichname an diesem Ort nicht mehr für angemessen gehalten wurde.

Wilhelmine Ernestine spielte durch ihre vermutlich ruhige und zurückhaltende Art kaum eine Rolle in der historischen Betrachtung über Fürstinnen ihrer Zeit, aber dies ist, wie anfangs erwähnt, der spärlichen Überlieferung geschuldet. Dennoch wären eine umfassende Auseinandersetzung und nähere Betrachtung der existierenden Aufzeichnungen wünschenswert, um sie mehr in den Fokus der wissenschaftskritischen Auseinandersetzung zu rücken. Dies blieb bis dato noch aus.

Wilhelmine Ernestine fühlte sich letztlich nie am kurpfälzischen Hof aufgenommen, was sie auch selbst beschreibt. Ihre immer wieder geschilderte Zurückhaltung war vermutlich einerseits Selbstschutz, um nicht an den Sitten und familiären Zwistigkeiten am Hof anzuecken, andererseits war es mit großer Wahrscheinlichkeit tatsächlich eine ihrer Charaktereigenschaften, welche allerdings auch ganz im Zeichen pietistischer Ideale stand. Pietistische Frauen verhielten sich, vor allem was die Spendentätigkeit und ihren *Aktionismus* betreffen, eher anonym und agierten viel mehr aus dem Hintergrund heraus. Diese Bescheidenheit und Zurückhaltung behielt Wilhelmines Ernestine ihr Leben lang bei. Ein weiterer Aspekt ist ihre Kinderlosigkeit, welche dazu führte, dass nach dem Tod ihres Gemahls die Linie Pfalz-Simmern ausstarb – ein Aspekt, der sie sicherlich in den Augen ihrer Zeitgenossen und in der historischen Geschichtsschreibung des 18. und 19. Jahrhunderts in ein negatives Licht fallen ließ. Daher müssen die wenigen Quellen, welche – vor allem von der pfälzischen Seite – über sie berichten, kritisch betrachtet werden.

*Begräbnis in der Schloßkirche zu Lichtenburg,  
derer beyden Durchl: Churfürstinnen Annen Sophien von Sachßen, und Willhelminen  
Ernestinen von der Pfaltz, aus dem Königl: Dänischen Hauße.*

Zum Verrä...
Ich wusste ... geworden si... Ich werde es jedenfa... nicht.

**Ein Raunen aus der Vergangenheit – Nachwort von Ines Janet Engelmann**

EINKEHR, ZUFLUCHT, GELEBTE NÄCHSTENLIEBE, RAUSCHENDE FESTE, INHAFTIERUNGEN, Zwangsarbeit, brutale Misshandlungen, Tötungen – die Lichtenburg ist ein Brennglas deutscher Geschichte. Ein und derselbe Ort hat inspiriert zu schöpferischen, philanthropischen, aber auch zu zerstörerischen, grausamen Taten.

Heutige Besucherinnen und Besucher schauen sich mitunter nur einen Aspekt aus der wechselvollen Geschichte des Schlosses an: Manche interessieren sich für das Renaissanceschloss mit dem Schlossmuseum in Trägerschaft der Stadt Annaburg, andere für die KZ-Gedenkstätte. Krasse Gegensätze, die Petra Reichenbach bewegten, als sie zum ersten Mal in Prettin war.

Dorthin war sie auf Einladung der Kunststiftung Sachsen-Anhalt gereist. Künstlerinnen und Künstler besuchten Orte, für die das *Heimatstipendium* ausgeschrieben wurde, ein Stipendium, das ermöglichte, ein Jahr an Museen, vor allem im ländlichen Raum, ortsbezogen zu arbeiten.

Petra Reichenbach bewarb sich mit einem Projekt, das Aspekte der Schlossgeschichte am Beispiel von zehn Bewohnerinnen vorstellt: *Starke Frauen in der Lichtenburg*. Komplexe Sachverhalte zu verdichten, verständlich zu vermitteln, das hatte sie als Grafikdesignerin praktiziert; den Umgang mit unterschiedlichen Stoffqualitäten in ihrem Modegrafikstudium gelernt, die künstlerische Herangehensweise schließlich an der Burg Giebichenstein Kunsthochschule Halle am Fachbereich Buchkunst. All diese Erfahrungen flossen in den Projektentwicklungsprozess ein, der länger dauerte als geplant – es war die Zeit der Corona-Pandemie.

Nach Akten- und Literaturrecherchen entschied sich die Künstlerin für fünf kurfürstliche Bewohnerinnen des Renaissanceschlosses Lichtenburg zu Prettin und fünf Gefangene des Frauen-Konzentrationslagers Lichtenburg. Einige dieser Frauen wurden diskriminiert und ausgegrenzt, aus ihrer Heimat vertrieben. Gemalte und fotografierte Porträts, die sie als junge Frauen zeigen, setzte die Künstlerin in Kreidezeichnungen um, ließ diese auf transparente Stoffbahnen drucken und überzeichnete sie erneut. Die Arbeiten hängen nun in einem kleinen, recht dunklen und engen Raum des Schlosses – einer derer, die zu den Wohn- und Aufenthaltsräumen der Kurfürstinnen gehörten und später, zur Zeit des Nationalsozialismus, als Schlafraum für die KZ-Gefangenen genutzt wurde. Ein Ort der Unfreiheit.

Vor jedem Porträt hängen weitere transparente Stoffbahnen – darauf ein prägnantes Zitat der jeweiligen Frau. Mit Feder sind die der Kurfürstinnen, mit Bleistift die der KZ-Insassinnen geschrieben. Diese Tücher lassen sich beiseiteziehen und geben dann den Blick frei auf die Zitierte. Doch nur ein Satz wäre zu wenig, um die Lebensgeschichten der Frauen zu offenbaren. So findet sich bei den Bildnissen ein QR-Code. Wird er mit dem Smartphone gescannt, erscheint auf dem Bildschirm die jeweilige Frau als bewegte Silhouette wie in einem Schattentheater und berichtet aus ihrem Leben. Die Schauspielerinnen sind Schülerinnen aus dem Gymnasium Jessen. Sie schrieben gemeinsam mit Klassenkameradinnen und -kameraden sowie Petra Reichenbach etwa zweiminütige fiktive Ich-Erzählungen, destilliert aus historischen Quellen.

So wie die Zeitschichten überlagern sich die transparenten Stoffbahnen. Besuchende werden zum ganz gegenwärtigen Teil der Installation: Wandeln sie in ihr, entstehen immer neue schattenartige Bilder. Hören sie dabei die Erzählungen, ist außerdem ein Raunen aus der Vergangenheit zu vernehmen.

◆ Schülerinnen haben den Frauen ihre Stimmen gegeben und erwecken sie dadurch zum Leben. Werden mehrere QR-Codes parallel gescannt, klingt es wie ein angeregter Austausch unter den Zeitzeuginnen aus den verschiedenen Jahrhunderten.
© Matthias Ritzmann für die Kunststiftung Sachsen-Anhalt

> Wenn andere zum Verräter geworden sind, ich werde es jedenfalls nicht.

Olga Benario (1908–1942)

lebenslang ich bin ja nicht wir wurden
nur Mutter von ja alle
fünfzehn Kindern
erzogen. sondern auch
habe ich Kirchenmutter mich als
Flucht und ihrer Ach
ergriffen. Landesmutter.

Kurfürstin Anna von Sachsen (1532–1585)

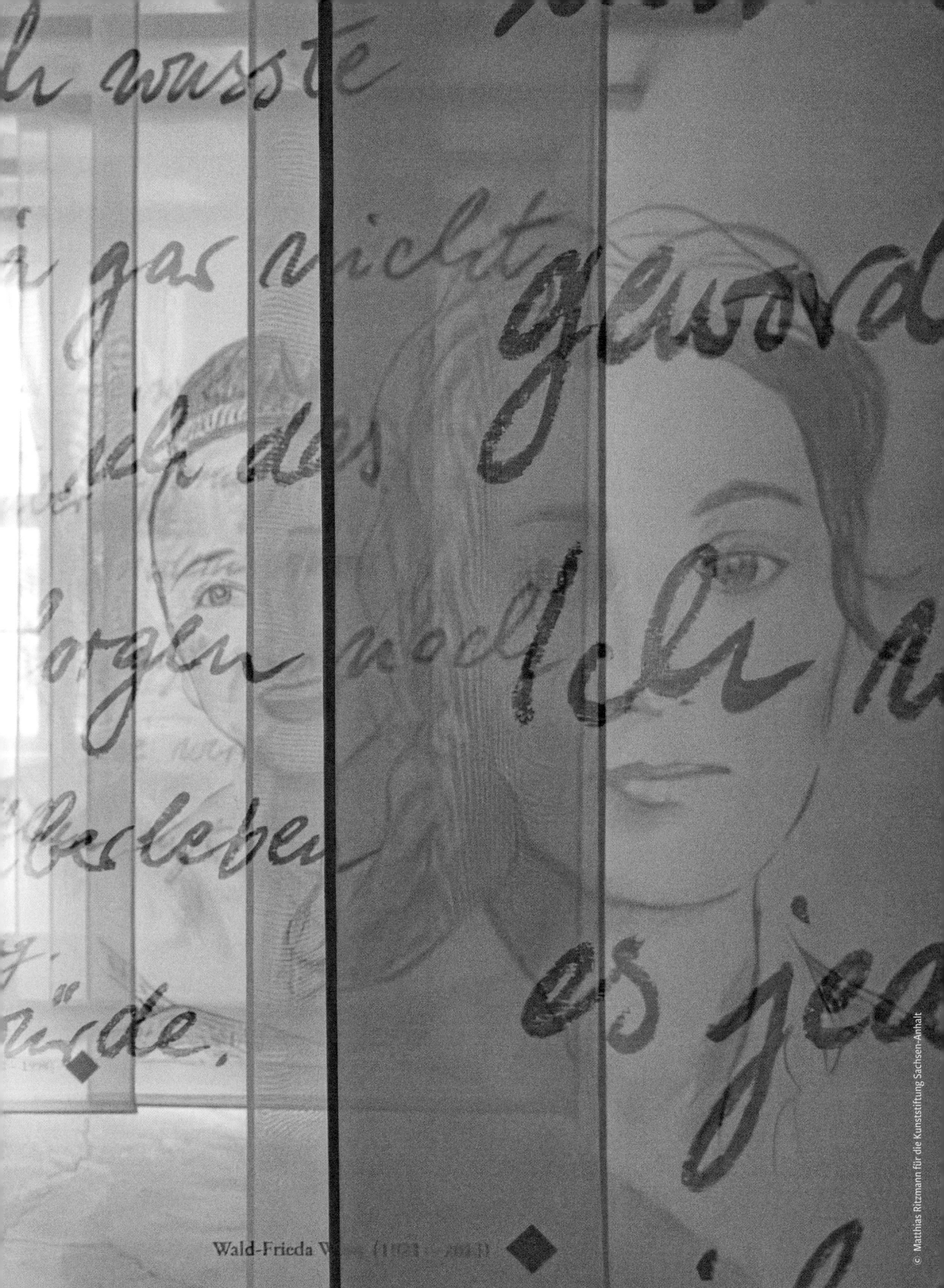

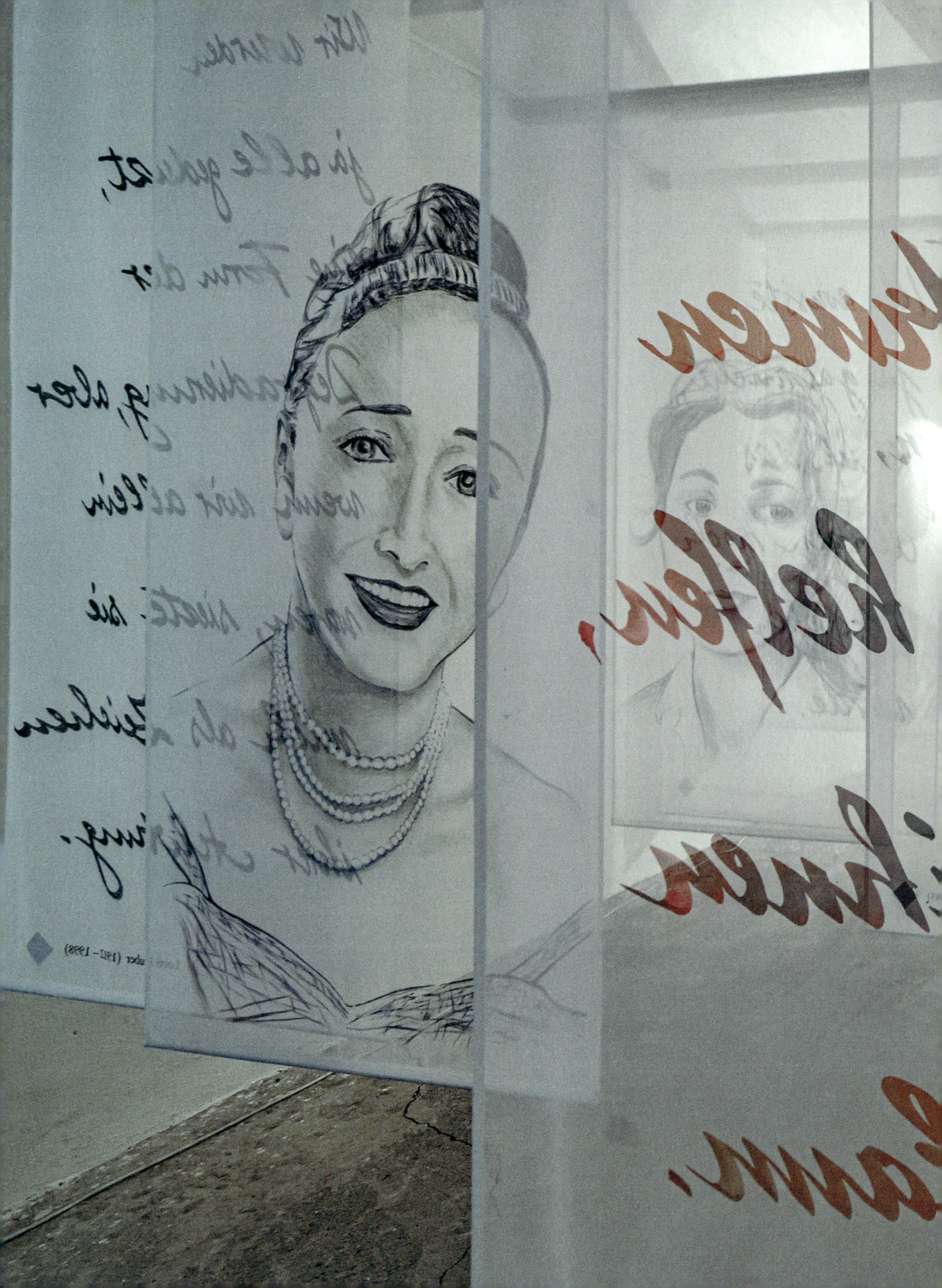

◆ Die begehbare multimediale Installation *Starke Frauen in der Lichtenburg* lebt vom natürlichen Gegenlicht, das durch das rückwärtige Fenster in den Raum strömt. Der Künstlerin kam es auf den direkten Blick in die Augen der porträtierten Frauen an – deren eindringlicher Blick ist auch auf der Rückseite der transparenten Gewebebahnen zu spüren. Im wahrsten Sinne des Wortes eine Begegnung auf Augenhöhe.
© Matthias Ritzmann

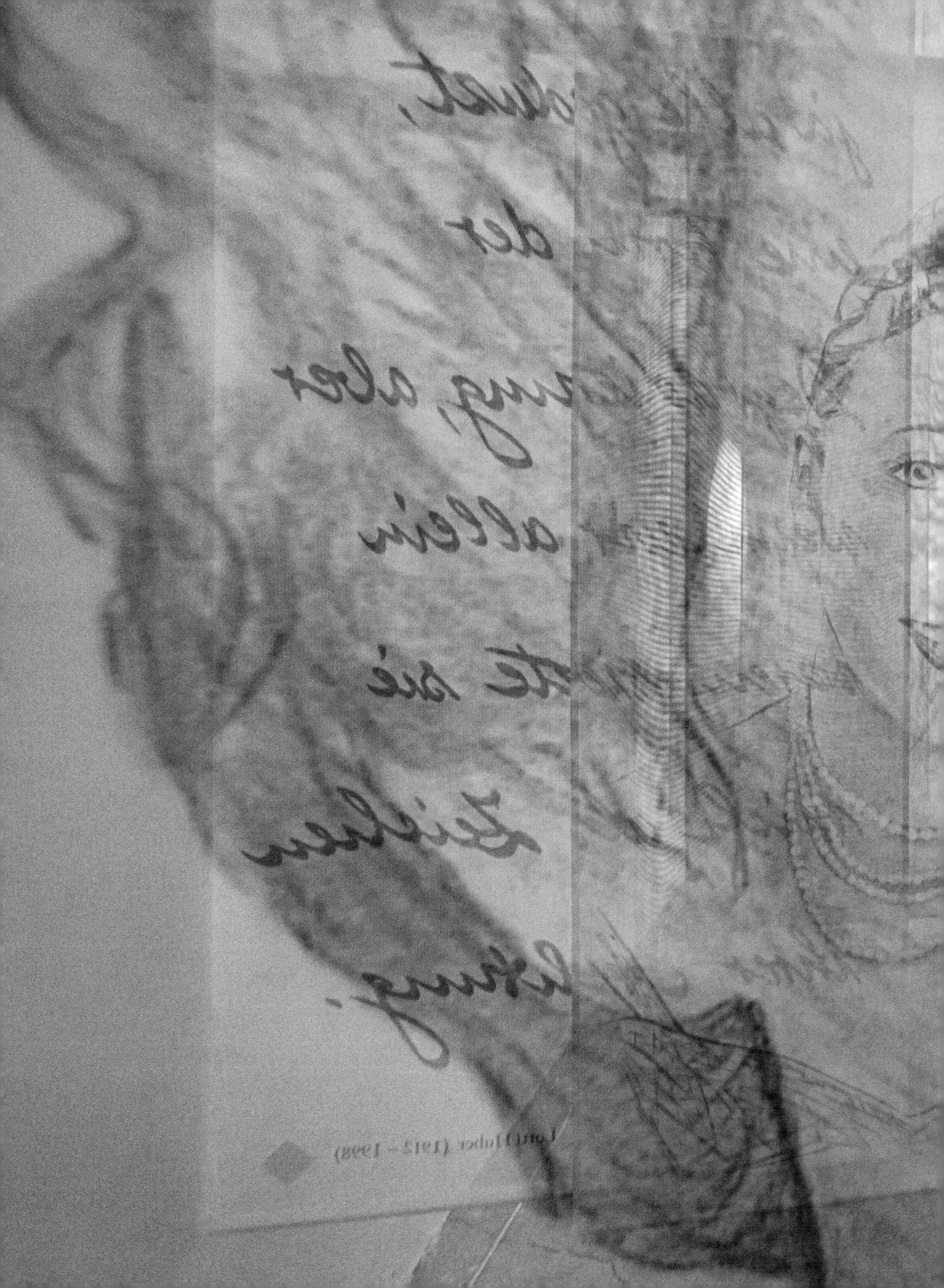

ang

ich bin ja nic...
nur Mutter v...
fünfzehn Ki...
sondern auch...
Kirchenmutt...
und
Landesmutter

Kurfürstin Anna von Sachsen (1...

Ich wusste

ja gar nicht,

ob ich das

Morgen noch

überleben

würde.

Wald-Frieda Weiss (1921 – 2013)

Lina Haag (1907 – 2012)

## Biografien der Autor:innen

**s. 7** *Vorwort*
**Dr. phil. Elke Stolze,** Historikerin; seit 1993 Projekte und Publikationen zur regionalen Frauengeschichte; 1998 Leiterin eines Frauenkommunikationszentrums in Halle (Saale); 1999/2000 wissenschaftliche Mitarbeiterin der Expo2000 Sachsen-Anhalt GmbH, Entwicklung und erste Umsetzung des Projektes *FrauenOrte Frauengeschichte in Sachsen-Anhalt*, das bis 2003 als Landesprojekt durch sie fortgeführt wurde und seitdem ehrenamtlich begleitet wird; 2004 bis 2007 wissenschaftliche Mitarbeiterin am Institut für Geschichte der Otto-von-Guericke Universität Magdeburg, 2014 bis 2021 persönliche Referentin der Landrätin, Reformationsbeauftragte in Mansfeld-Südharz; seit 1998 im Vorstand des Courage e.V. Halle, seit 2004 im Arbeitskreis *FrauenZimmerGeschichte(n)*.

**s. 21** *Die Frauengemächer im Schloss Lichtenburg*
Die Diplom-Restaurator:innen **Christine Pieper** und **Tino Simon** sind Mitglieder des Fördervereins Schloss und Gedenkstätte Lichtenburg e.V. Dieser wurde 2010 gegründet und hat sich die Pflege und Erhaltung des Renaissanceschlosses Lichtenburg zur Aufgabe gestellt. Er trägt mit verschiedenen Arbeitskampagnen, Veranstaltungen, Publikationen und als Kommunikationspartner für andere ehrenamtliche und öffentliche Institutionen aktiv dazu bei, nicht nur die Wichtigkeit des Schlosses Lichtenburg in der deutschen Geschichte zu vermitteln, sondern auch das Bewusstsein für die Lichtenburg als Gedenkort zu bewahren. Neue Mitglieder sind immer herzlich willkommen!

**s. 37** *Elisabeth von Brandenburg*
**Ulrike Sträßner,** 2004 bis 2011 Studium Lehramt für Gymnasien Geschichte und Deutsch an der Universität Potsdam; seit 2012 Promotionsprojekt *Herrschaftsalltag und Herrschaftsverständnis von brandenburgischen Kurfürstinnen im 16. und 17. Jahrhundert* und damit verbundene Publikations- und Vortragstätigkeit; 2013 bis 2015 Stipendiatin des Cusanuswerks; seit 2016 Studienberaterin an der Universität Potsdam im Bereich Inklusive Studiengestaltung. Forschungsinteressen: Fürstinnen und Reformation, herrschaftliches Handeln und soziale Netzwerke von Fürstinnen, reproduktive Arbeit, generationenübergreifende Konflikte und Aushandlungsprozesse, Geschlechterstereotype in der Frühen Neuzeit.

**s. 49** *Anna von Sachsen*
**Dr. Katrin Keller,** Studium der Geschichte und Germanistik in Leipzig; Promotion zur Leipziger Stadtgeschichte 1987; Habilitation 1998 in Leipzig, 2001 in Wien mit einer Arbeit zur frühneuzeitlichen Urbanisierung Kursachsens; seit April 2017 Direktorin des Instituts für die Erforschung der Habsburgermonarchie und des Balkanraumes der Österreichischen Akademie der Wissenschaften, korrespondierendes Mitglied der ÖAW. Arbeitsschwerpunkte: Fürstin, Hof und Herrschaft in der Frühen Neuzeit, Geschichte des Adels sowie Geschichte der Habsburgermonarchie.

**s. 59** *Hedwig von Sachsen*
**Dr. Ute Essegern,** Studium der Archivwissenschaft sowie der Neueren und Neuesten Geschichte an der Humboldt-Universität zu Berlin; Dissertation an der TU Chemnitz zu Fürstinnen am kursächsischen Hof in der ersten Hälfte des 17. Jahrhunderts; Autorin zahlreicher Publikationen insbesondere über das Leben, die Handlungsräume und die Netzwerke protestantischer Fürstinnen im 16. und 17. Jahrhundert; Herausgeberin und Mitautorin des Buches *Sachsens heimliche*

*Herrscher: die starken Frauen der Wettiner* (Dresden 2008); arbeitet als Archivarin und Referatsleiterin im Sächsischen Staatsarchiv, Hauptstaatsarchiv Dresden.

**s. 71** *Anna Sophia von Sachsen*
**Dr. Silke Herz**, Studium der Kunstgeschichte, Geschichte und Europäischen Ethnologie an der Julius Maximilian Universität Würzburg sowie der Museologie in Leipzig; Dissertation an der TU Dresden zu Repräsentationsstrategien der Gemahlin Augusts des Starken, Christiane Eberhardine. Zuvor Kustodin für Ausstellungen der Stiftung Preußische Schlösser und Gärten Berlin Brandenburg und der Staatlichen Kunstsammlungen Dresden, anschließend Leiterin des Museums im Robert-Sterl-Haus in Naundorf/Struppen. Seit 2020 Forschungsstipendiatin der Gerda Henkel Stiftung zum Thema der Dresdner Residenzbauprojekte unter August dem Starken, assoziiert dem Lehrstuhl für Kunstgeschichte der TU Dresden.

**s. 83** *Wilhelmine Ernestine von der Pfalz*
**Dr. Ariane Bartkowski**, geboren 1986 in Meißen, hat an der Technischen Universität Chemnitz Mittelalterliche Geschichte und Philosophie studiert. Im Anschluss daran hat sie 2017 ihre Promotion, ebenfalls an der Technischen Universität Chemnitz, mit dem Thema *Fürstliche Laborpartner in der alchemistischen Praxis – das Netzwerk des Kurfürstenpaares August und Anna von Sachsen* abgeschlossen. Seit 2021 arbeitet sie als Registratorin für das Bistum Dresden-Meißen.

**s. 91** *Nachwort*
**Dr. Ines Janet Engelmann** studierte Germanistik, BWL und Kunstgeschichte an der Universität Leipzig und der Université Libre des Bruxelles und promovierte zur *Diskussion über das Hässliche im 19. und 20. Jahrhundert*. Sie arbeitet als freiberufliche Kuratorin, Autorin sowie Lektorin und lebt in Leipzig.

**Matthias Ritzmann** hat die großformatigen Bildstrecken in diesem Buch fotografiert. Geboren 1981 in Freiburg im Breisgau, 2003 bis 2009 Studium an der Burg Giebichenstein Kunsthochschule Halle, 2004 Praktikum beim Deutschen Entwicklungsdienst (DED) in Ruanda, 2005 Tätigkeit bei Ramesh Amruth in Freiburg, 2007 Auslandsaufenthalt in Frankreich, École Supérieure des Beaux-Arts in Bordeaux, seit 2007 Ausstellungen in Bordeaux, Halle, Leipzig, Köln, Stuttgart und Berlin, 2008 ausgezeichnet mit dem Canon-Profifoto-Förderpreis für *flypaper* (zusammen mit Julian Quitsch). Er lebt und arbeitet als freiberuflicher Fotograf in Halle (Saale).

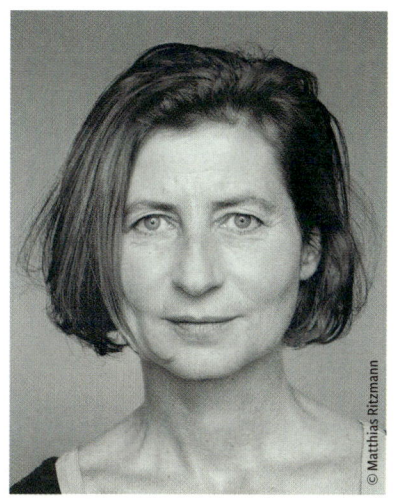

**Petra Reichenbach** hat die zehn *Starken Frauen* in diesem Buch porträtiert. Sie studierte Kunstgeschichte und Modegrafik in München, arbeitete als Editorial Artist beim New York Times Sunday Magazine und als Artdirectorin bei der Berliner Werbeagentur Scholz & Friends (u.a. FAZ-Serie *Kluge Köpfe*). 2011 bis 2013 absolvierte sie ein Gaststudium in der Buchkunstklasse der Burg Giebichenstein Kunsthochschule Halle. 2013 und 2019 erhielt sie den Preis der Klassik Stiftung Weimar, 2020/21 das Heimatstipendium#2 der Kunststiftung Sachsen-Anhalt. Sie ist Mitbegründerin des book art center Halle (b.a.c.H.) und seit 2022 Mitglied des BBK Sachsen-Anhalt. Sie lebt als Grafikerin und Buchkünstlerin in Halle (Saale).

# Dank

Ich danke der Stiftung Gedenkstätten Sachsen-Anhalt sowie dem Land Sachsen-Anhalt für die Förderung und dem Team des Mitteldeutschen Verlags für die Umsetzung dieses Buchprojekts.

Melanie Engler und Lisa Lindenau von der KZ-Gedenkstätte Lichtenburg haben mich nicht nur bei der Auswahl der fünf Zeitzeuginnen aus der Zeit des Nationalsozialismus und bei der Kooperation mit dem Gymnasium Jessen unterstützt, sondern auch dieses Buch mit ihren Beiträgen bereichert.

Voraussetzung für die Porträts der fünf Kurfürstinnen ist das umfangreiche Wissen von Silke Rosenkranz, den Historikerinnen Ulrike Sträßner, Katrin Keller, Ute Essegern, Silke Herz und Ariane Bartkowski, zudem die umfassende Expertise der Restaurator:innen Christine Pieper und Tino Simon. Ihnen und den Autor:innen, die ihre Sicht auf die fünf Insassinnen des ehemaligen Frauen-KZ Lichtenburg preisgaben, Robert Cohen, Ines Godazgar, Falk Bersch, Jana Müller, Mario Franz und Franzi Sessler, gehört mein großer Respekt und Dank.

Für Vor- und Nachworte der beiden Buchteile bedanke ich mich herzlich bei Elke Büdenbender, Elke Stolze, Ines Janet Engelmann und Ulf Dräger – nicht zu vergessen, bei den vielen Menschen und Institutionen, die mich bei der Bildrecherche so hilfsbereit unterstützt haben. Mein besonderer Dank gilt dem Fotografen Matthias Ritzmann für seine einfühlsame Wiedergabe der Atmosphäre des komplexen Areals.

Die Lichtenburg appelliert an unser Empathievermögen, wenn es um scheinbar Bedrohliches, weil Fremdes, geht. Leicht entstehen Vorurteile, Ängste werden geschürt aus Sorge, das eigene Zugehörigkeitsgefühl zu gefährden. Abweichungen von der sogenannten Norm werden dann schnell mit Diffamierungen kommentiert. Dies kann verbale Gewalt provozieren, die in Folge auch zu physischer Gewalt führen kann.

Die Frauengeschichte(n) im Buch zeigen, dass Ausgrenzung und Verfolgung *Andersdenkender* oder *Andersaussehender* zu allen Zeiten ein relevantes Thema war – und immer noch ist. Dieses Buch ist der Versuch, die historischen Vorgänge aus unterschiedlichen Blickwinkeln darzustellen, in die heutige Gegenwart zu transportieren und kommende Generationen nicht nur anzusprechen, sondern auch zu berühren.

Petra Reichenbach

Bitte wenden!

Dank

Im Januar 2020 lud die Kunststiftung Sachsen-Anhalt Künstler:innen aus dem Bundesland zu einer Busreise ein. Es ging über's Land zu unprätentiösen Heimatmuseen und Gedenkstätten – eine davon die KZ-Gedenkstätte im Schloss Lichtenburg zu Prettin.

Silke Rosenkranz, Stadtarchivarin der Stadt Annaburg, die ein Museum in einem Flügel des Schlosses verantwortet, führte uns durch die ehemals prächtig ausgestatteten Räumlichkeiten des Renaissanceschlosses. Von den vielen fürstlichen Porträts haben sich dort zwei Kurfürstinnenporträts erhalten, eines hängt im sogenannten Hochzeitszimmer, in dem sich heute Hochzeitsgäste zur standesamtlichen Trauung versammeln. Die eine oder andere Freudenträne wird an so einem glücklichen Tag geweint – unvergessliche Momente für das Hochzeitspaar.

Mit Melanie Engler, Leiterin der KZ-Gedenkstätte Lichtenburg, ging es unweit davon im Westflügel des Schlosses ein halbes Stockwerk tiefer in die beklemmende Stille des *Bunkers* mit seinen Dunkelarrestzellen. Im Nationalsozialismus sperrten Lagerleiter des KZ Lichtenburg Häftlinge in Einzelhaft und ließen sie oft von ausgesuchten Schlägern verprügeln. Die Gefangenen nannten den Arrestbunker *Färberei*, weil seine Insass:innen grün und blau geschlagen wurden. Einige kamen so zu Tode.

Wie begegnet man heute diesen unvereinbaren Gegensätzen? Hier die lachende Hochzeitsgesellschaft, der Kegelverein beim Sonntagsausflug, Elberadweg-Tourist:innen, die sich für die kurfürstliche Schlossgeschichte interessieren, dort Schülergruppen, die im Geschichtsunterricht Zeugnissen aus dem Nationalsozialismus nachgehen, Angehörige, die am Holocaust-Gedenktag im ehemaligen *Bunker* Kränze niederlegen und der vielen Opfern dieser dunklen Epoche gedenken.

Die ehemaligen fürstlichen Frauengemächer wurden für mich eine Art Brücke zwischen den beiden extremen Nutzungen des Schlosses, die historischen Wandmalereien dort zum Sinnbild für die Überlagerung der verschiedenen Zeitschichten.

Dieses Buch wäre nicht entstanden ohne die Kunstinstallation, die als Dauerleihgabe im mittleren Frauengemach des Schlosses hängt. – Und diese habe ich der Kunststiftung Sachsen-Anhalt zu verdanken, die mir mit dem Heimatstipendium die Arbeit an der Installation ermöglicht hat.

**Bitte wenden!**

**s. 61** *Amalie Pellin*
**Falk Bersch**, Jahrgang 1972, forscht seit 2000 zur Verfolgung gesellschaftlicher und religiöser Minderheiten in den Diktaturen des vergangenen Jahrhunderts und ist seit 2017 auf diesem Gebiet freiberuflich tätig. Bersch ist Autor u. a. der Bücher *Aberkannt! – Die Verfolgung von Jehovas Zeugen im Nationalsozialismus und in der SBZ/DDR* (2017), *Kinder und Jugendliche in sonderpädagogischen, psychiatrischen und Behinderteneinrichtungen in den DDR-Nordbezirken* (3 Bände, 2020, 2022, 2023) und *Kaufhaus Karseboom – Die Geschichte einer jüdischen Familie* (2021) sowie Mitautor weiterer Publikationen zur NS- und DDR-Geschichte.

**s. 74** *Waldfrieda Weiss*
**Jana Müller**, Jahrgang 1969, Diplom-Sozialpädagogin, seit 1998 im Bereich der Gedenkkultur tätig, bis 2019 u. a. Videointerviews mit Überlebenden der Konzentrations- und Vernichtungslager im Alternativen Jugendzentrum e.V. Dessau, seit 2019 Fortsetzung der Erinnerungsarbeit als Mitarbeiterin des Stadtarchivs Dessau-Roßlau.

**s. 87** *Nachwort*
**Ulf Dräger**, geboren 1965 in Halle (Saale), Dipl. Museologe (FH), tätig als Kustos der Sammlungen Kunsthandwerk & Design sowie des Landesmünzkabinetts Sachsen-Anhalt im Kunstmuseum Moritzburg Halle (Saale), Vorsitzender des Museumsverbandes Sachsen-Anhalt, Mitglied in verschiedenen Fachkommissionen und Autor zahlreicher Veröffentlichungen zur Münz- und Geldgeschichte sowie zur modernen und zeitgenössischen Bildhauerkunst.

**s. 73** *Waldfrieda Weiss*
**Mario Franz**, Jahrgang 1965, u. a. Sprecher des Niedersächsischen Verbandes deutscher Sinti e.V., Geschäftsführer und Sozial-Kulturberater in der Niedersächsischen Beratungsstelle für Sinti und Roma, Mitglied des Stiftungsbeirates der Stiftung Niedersächsische Gedenkstätten, Mitarbeit in der Kommission zu Fragen der Migration und Teilhabe des Landtages Niedersachsen.

**s. 83** *Lina Haag*
**Franzi Sessler** wurde 1990 in München geboren. Als Urenkelin der Widerstandskämpferin Lina Haag beschäftigte sie sich bereits in frühen Kindheitsjahren mit der Aufarbeitung der NS-Zeit. Nach einem Kommunikationsdesignstudium in Deutschland (B.A.) und dem Design Strategy Master of Business Administration (DMBA) in San Francisco, USA, hat sie 2017 *Kreatives* gegründet, eine Münchner Designagentur, die an vielen Zukunftsprojekten arbeitet – u. a. in Zusammenarbeit mit der KZ-Gedenkstätte Lichtenburg Prettin. Auch Franzi Sesslers Mutter, Susanne Sessler, die Enkelin von Lina Haag, betreibt aktive Aufklärungsarbeit und engagiert sich sozial.

**Biografien der Autor:innen**

**s. 7** *Vorwort*
**Elke Büdenbender** wurde am 14. Januar 1962 in Siegen-Weidenau geboren. Sie ist seit 1995 mit Frank-Walter Steinmeier verheiratet, gemeinsam haben sie eine Tochter. Elke Büdenbender besuchte bis 1978 die Aufbaurealschule Siegen und absolvierte anschließend eine Ausbildung zur Industriekauffrau bei einer Maschinenbaufirma in Siegen. 1982 besuchte sie das Siegerland-Kolleg in Siegen und arbeitete anschließend als Kauffrau bei einem Logistikunternehmen. Ab 1985 studierte sie Rechtswissenschaften an der Justus-Liebig-Universität in Gießen, an der sie auch 1991 ihre Erste Juristische Staatsprüfung ablegte. Ab 1987 arbeitete sie als studentische bzw. wissenschaftliche Hilfskraft am Lehrstuhl für öffentliches Recht bei Professor Brun-Otto Bryde. Ihren juristischen Vorbereitungsdienst am Landgericht Hannover schloss sie 1994 mit der Zweiten Juristischen Staatsprüfung ab. Im Anschluss arbeitete Frau Büdenbender als Richterin am Verwaltungsgericht Hannover.
Seit 2000 ist sie Richterin am Verwaltungsgericht Berlin, von März 2017 bis April 2022 beurlaubt, seit Mai 2022 in Teilzeit.

**s. 21** *Tatort Lichtenburg*
**Melanie Engler**, M.A., hat Politikwissenschaften, Neuere Geschichte und Psychologie an der Universität Potsdam studiert.
Seit 2012 leitet sie die Gedenkstätte KZ Lichtenburg Prettin. Zuvor war sie bereits in den Gedenkstätten Hadamar und Sachsenhausen sowie im Jüdischen Zentrum in Oświęcim, Polen, tätig. Sie hat umfassende Erfahrungen in der historisch-politischen Bildungsarbeit, ist Gründungsmitglied der AG Gedenkstätten an Orten früher Konzentrationslager und Mitglied im Wissenschaftlichen Beirat der Gedenkstätte Sachsenburg.

**s. 35** *Olga Benario*
**Dr. Robert Cohen**, geboren 1941 in Zürich, Literaturwissenschaftler und Schriftsteller. Von 1991 bis 2012 Adjunct Professor am German Department der New York University. Veröffentlichungen: zahlreiche wissenschaftliche Aufsätze zur deutschen Literatur des 20. Jahrhunderts, mehrere Monographien zu Peter Weiss. 2009 erschien sein Epochenroman *Exil der frechen Frauen*, 2013 gab er den Briefwechsel zwischen Olga Benario und Luiz Carlos Prestes heraus, 2016 folgte *Der Vorgang Benario. Die Gestapo-Akte 1936-1942*. Zuletzt erschien die Erzählung *Anna Seghers im Garten von Jorge Amado* (2021).

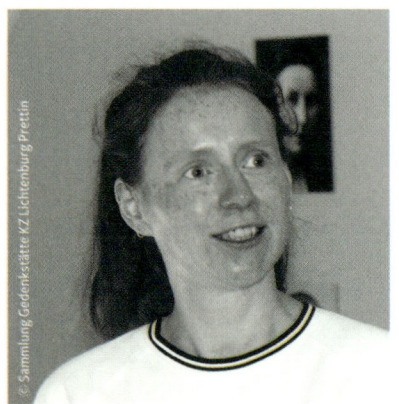

**s. 27** *Partizipation*
**Lisa Lindenau**, geboren 1990 in Potsdam, hat an der Martin-Luther-Universität Halle-Wittenberg Jüdische Studien, Erziehungs- und Politikwissenschaften studiert. Unter anderem engagierte sie sich im *Netzwerk für Demokratie und Courage Sachsen-Anhalt*, im Projekt *debate // de:hate* der Amadeu Antonio Stiftung und im Netzwerk *Verstärker* der Bundeszentrale für politische Bildung. Seit Ende 2018 arbeitet sie als Pädagogin im Team der Gedenkstätte KZ Lichtenburg Prettin.

**s. 51** *Lotti Huber*
**Ines Godazgar**, geboren 1966, studierte von 1990 bis 1996 Germanistik an der Technischen Universität Braunschweig. Anschließend war sie Autorin für den MDR-Hörfunk und Lokaljournalistin bei der Mitteldeutschen Zeitung in Halle. Seit 2012 ist sie als freie Journalistin mit den Fachgebieten Wissenschaft und DDR-Aufarbeitung tätig. Darüber hinaus hat sie mehrere Bücher zu zeithistorischen Themen veröffentlicht. Sie lebt in Halle (Saale).

Wald-Frieda W... (1921–2013)

...ch lebenslang
...sperren
habe ich
Flucht
...riffen.

Kurfürstin Elisabeth von Brandenburg (1485 – 1555)

Ich bin ja nicht
nur Mutter von
fünfzehn Kindern
sondern auch
Kirchenmutter
und
Landesmutter.

Kurfürstin Anna von Sachsen (1532 – 1585)

© Matthias Ritzmann für die Kunststiftung Sachsen-Anhalt

zum Verräter geworden sind. Ich werde es jedenfalls nicht.

wusste

gas nicht,

ich das

morgen noch

beleben

würde,

Olga Benario (1908–1942)

© Matthias Ritzmann für die Kunststiftung Sachsen-Anhalt

Zum **Er wollte**
mich lebenslang **gewollt**
einsperren. **...**
Da half **Ich nur**
die Flucht
**ergaßes jeden**
**nicht.**

Kurfürstin Elisabeth von Brandenburg (1485–...)

...e geduzt,
...rm der
...sollt nicht
...äußerung, aber
...der Angst
...sei allein
...leben.
...e wird
... siezte sie
...zeugt.
... als Zeichen
... Achtung.

...ten von Kindern, auch mutter

ja eine

Den Armen will ich helfen, wo ich ihnen helfen kann

Kurfürstin Hedwig von Sachsen (1581–1641)

"Wenn andere zum Verräter geworden sind, ich werde es jedenfalls nicht."

Olga Benario (1908–1942)

◆ Die begehbare multimediale Installation *Starke Frauen in der Lichtenburg* befindet sich im mittleren Raum der ehemaligen *Frauengemächer* des Renaissanceschlosses als Dauerleihgabe der Künstlerin Petra Reichenbach.
© Matthias Ritzmann für die Kunststiftung Sachsen-Anhalt

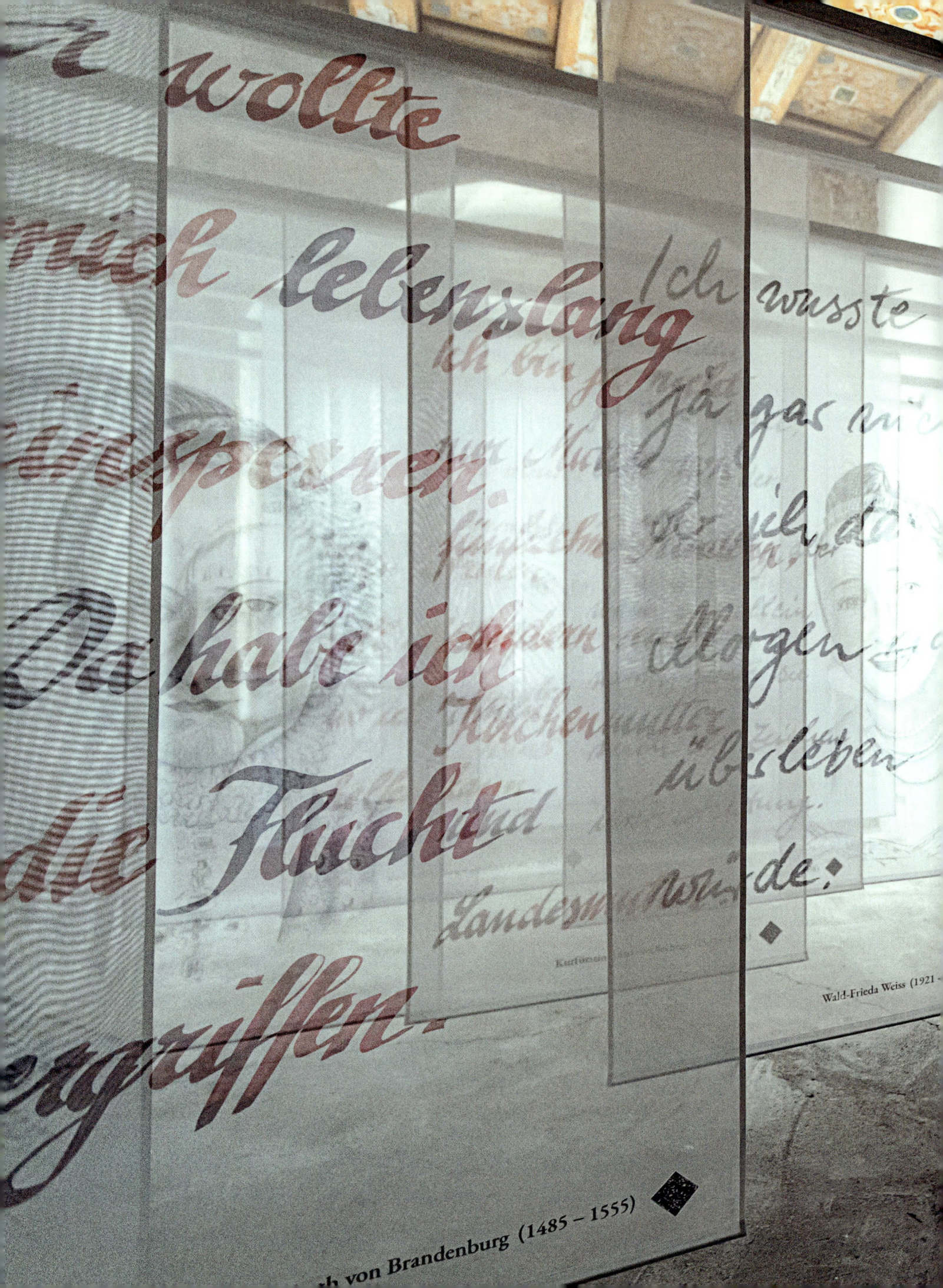

Für starke Frauen in der Lichtenburg – Nachwort von Ulf Dräger

PETRA REICHENBACH IST ES GELUNGEN ZU ERSCHÜTTERN, zu überraschen und zu begeistern. Ihre raumgreifende Installation verknüpft auf den ersten Blick gegensätzliche Ereignisse verschiedener Zeiten eines Ortes, auf den zweiten Blick werden dramatische Schicksale erfahrbar, gewinnen junge Frauen mit eindringlichen Aussagen – gesprochen von Schülerinnen – eine Lebendigkeit, die eine Gänsehaut verursacht.

Engagierte Kunst hat eine hörbare Stimme. Sie verdichtet Empfindungen, sie nimmt vermeintlich unsichtbare Traditionslinien auf, sie bricht mit Sehgewohnheiten und spricht sowohl sinnlich als auch ästhetisch an. Petra Reichenbach hat mit ihrer Sensibilität wie ein Seismograf die disparaten Pole der Geschichte dieses Ortes aufgenommen und eine lebendige Brücke zwischen Renaissance, Moderne und Gegenwart geschlagen. Ihre Arbeit erfüllt das Schloss und die Gedenkstätte mit neuem Leben, sie verleiht ihnen Anziehungskraft. Entstanden ist im besten Wortsinn ein Denkmal für schwer fassbare Schicksale einer grauenvollen Zeit. Die Künstlerin hat es verstanden, emotional zu berühren.

Es ist eine glückliche Idee, Künstler für unsere Heimatmuseen und Gedenkstätten zu interessieren, sie zu animieren, sich mit konkreten historischen Momenten auseinanderzusetzen, und uns diese in einem neuen Licht nahe zu bringen. Beide Seiten profitieren von den Ergebnissen des intensiven Zusammenwirkens. Die Museen und Gedenkstätten können künstlerische Kreativität anregen, die Künstlerinnen und Künstler eröffnen zugleich neue Horizonte für die Sammlungen und inspirieren den Umgang mit Geschichte und Ereignissen und deren Veranschaulichung.

Museen sind in erster Linie Orte für die Bewahrung der gegenständlichen Überlieferung. Sie dokumentieren jedoch nicht allein die Vergangenheit, sie erschließen auch die erfassbare Gegenwart für die Erinnerung in der Zukunft. Reale Zeugnisse in den verschiedensten Formen haben eine große Überzeugungskraft, denn der menschliche Wunsch nach Vergegenständlichung inspirierte über Jahrhunderte. Und auch heute vergewissert er authentisch.

Doch müssen die Zeugnisse lesbar und im besten Fall lebendig erschließbar und erlebbar sein. Auch in der Form von Kunstwerken. Denn diese bieten den idealen Rahmen für außergewöhnliche Begegnungen, für ganz persönliche Erfahrungen, für neue Blickwinkel und für neue Horizonte.

Die Resonanz auf die Installation von Petra Reichenbach spricht für sich. Sie hat die Kraft einer bleibenden Präsentation, deren Wirkung über den Augenblick hinaus reicht.

◆ Kunstinstallation mit Pflanzen auf dem ehemaligen Appellplatz des KZ Lichtenburg im Rahmen des Projekts *Kreativpotentiale Sachsen-Anhalt*, gestaltet von Schüler:innen des Gymnasiums Jessen als Zeichen des Widerstandes im Frauen-KZ, der Erinnerung an das Leid der Frauen und dessen Überdauerns bis in die Gegenwart.
© Matthias Ritzmann

Das Engagement des Gedenkstättenteams, das mit unglaublichem Feingefühl und zeitgenössischer Pädagogik (Beispiel: Kunst und Poesie als Ausdrucksform) arbeitet, ist mitreißend und inspirierend. An Projekttagen, mit selbst sehr jungen Schulklassen, werden Ereignisse anhand der 700-jährigen Schlossgeschichte greifbar gemacht, dadurch wird elegant der Bezug zu heute gefunden.

Auch Petra Reichenbach, die Autorin dieses Buches, wählte die Kunst als Ausdrucksform der Erinnerungskultur. Projekte wie diese, die die Geschichten der Vergangenheit ins Tageslicht rücken, haben einen Mehrwert für die Gesellschaft und die globale Gemeinschaft der Überlebenden und Angehörigen.

Die aktive Aufklärungsarbeit liegt in unseren Händen.

2
Lina Haag mit ihrer Tochter Käthe, 1933.
Archiv DZOK Ulm, B 103

Womöglich war es die Brutalität der Wachleute der Lichtenburg, der Dunkelarrest oder der morbide Gedanke in einem Renaissanceschloss, das als Lustschloss erbaut wurde, gefangen zu sein, doch Lina Haag fasste allen Mut und begann nach ihrer Freilassung für die Freiheit ihres Mannes zu kämpfen, der aus dem KZ Oberer Kuhberg nach Dachau und von dort nach Mauthausen gebracht worden war.

Nach vielen vergeblichen Bemühungen gelang es ihr schließlich, persönlich bei Heinrich Himmler, dem Reichsführer der SS und Machthaber über das Konzentrationslagersystem, vorzusprechen und um die Freiheit ihres Mannes zu bitten. Das unglaubliche geschah und der Befehl der Entlassung meines Uropas wurde ausgesprochen.

Nur wenige Momente der Freiheit später wurde mein Uropa zur Wehrmacht einberufen. Nach Kriegsende war er in sowjetischer Kriegsgefangenschaft und kehrte erst 1948 zu meiner Uroma und meiner inzwischen erwachsenen Großmutter zurück.

Nach 1948 kämpften Lina & Alfred Haag gemeinsam unerbittlich für die Anerkennung und Entschädigung der Opfer des Nationalsozialismus, beide waren Mitglieder verschiedener Gruppierungen im aktiven Kampf gegen das Vergessen, beispielsweise dem Verein der Verfolgten des Naziregimes und der Lagergemeinschaft Dachau.

Während meine Uroma immer den regen Austausch gesucht hat, nahm mein Uropa das Trauma und viele unausgesprochene Erinnerungen (wie so viele andere) mit in sein Grab. Er starb 1982.

Als das Buch meiner Uroma 1977 neu aufgelegt wurde, zählten viele Frauen zu den Leser:innen. Die Perspektive einer kämpfenden Frau, Mutter, Tochter und Pazifistin hat bis heute eine besondere Stellung. Darüber hinaus machte meine Uroma es sich zur Aufgabe, den nächsten Generationen von den dunklen Zeiten zu erzählen und die Relevanz zur Gegenwart im Gespräch zu suchen.

Ich hatte das große Glück, mit diesen Geschichten aufzuwachsen. Meine Uroma verstarb 2012 im hohen Alter von 105 Jahren.

Nachdem sie selbst nicht mehr das Gespräch suchen kann, ist es nun meine Aufgabe, und die Aufgabe unserer Generation, die Stille zu durchbrechen und die Geschichten weiterzuerzählen und mit unseren Mitteln gegen das Vergessen anzukämpfen. Deshalb schätze ich persönlich die Orte sehr, an denen die Geschichte erlebbar und besonders für jüngere Generationen spürbar gemacht wird. Einer dieser Orte ist die KZ-Gedenkstätte Lichtenburg in Prettin.

3
Verleihung des *Dachau Preises für Zivilcourage* im Mai 2007 nach Lina Haags 100. Geburtstag. Privat

**Franzi Sessler**

# Lina Haag – Pazifistin und Widerstandskämpferin. Ein Leben lang.

DIE AKTIVE AUFKLÄRUNGSARBEIT und das Aufrechterhalten der Erinnerungskultur liegt in unseren Händen. Nur ein Bruchteil der Leidens- und Kämpfergeschichten wurden erzählt, noch weniger Geschichten dokumentiert. Inzwischen sind wir in der 4.–5. Nachkriegsgeneration und die Überreste der Zeitzeugenberichte werden immer blasser. Die Chance, den Worten ehemaliger Gefangener zu folgen und den Schmerz und den Mut in jeder Geste und Mimik unmittelbar zu spüren, bleibt aus.

Es ist ein großes Glück, dass meine Uroma Lina Haag, ihren 11-jährigen Leidensweg als Widerstandskämpferin in einem Brief an ihren Mann, meinen Uropa Alfred Haag, noch vor Kriegsende, schriftlich festhielt. Dieser Brief wurde als Buch bereits im Jahr 1947 als eines der bedeutendsten Zeugnisse des Widerstandes gegen die nationalsozialistische Diktatur veröffentlicht. Der Titel: *Eine Handvoll Staub. Widerstand einer Frau 1933-1945.*

Als Ehefrau eines kommunistischen Abgeordneten des Stuttgarter Landtags, der bereits am 31. Januar 1933 inhaftiert wurde, kam auch sie nach dem Reichstagsbrand zunächst in das Stuttgarter Landesgefängnis Gotteszell und nach kurzer Freilassung für nahezu drei Jahre ins Zuchthaus, und anschließend kam sie, wie viele andere Leidensgenossinnen in diesem Buch auch, in das erste große Frauenkonzentrationslager Lichtenburg bei Torgau.

◆ 1
Lina Haag nach der ersten Haft, 1935.
Archiv DZOK Ulm, A 2624

 LINA HAAG (1907–2012)

SIE HOLEN MICH, WEIL DER REICHSTAG BRENNT. Der Reichstag brennt, weil sie einen Anlass brauchen, um die KPD zu zerschlagen. Ich bin bei der KPD. Deshalb holen sie mich. Ich habe keine Verbrechen begangen, aber sie führen mich ab wie eine Verbrecherin. Als wir die Treppe hinuntersteigen, höre ich überall im Haus die Türen gehen, sehr leise und vorsichtig, aber ich höre sie.

Vierzehn Monate sind lang. Vierzehn Monate Einzelhaft sind länger, eine Ewigkeit. Ich wiege noch 90 Pfund. [...] Nach acht Tagen werde ich der Gestapo vorgeführt. Angeblich zur Überprüfung. Ein junger Herr in Zivil erklärt mir mit einem geringschätzigen Blick kurz und unfreundlich, dass ich morgen nach Torgau käme. Torgau? denke ich. »Ins KZ«, sagt der junge Herr und fügt bündig hinzu, »Sie wissen ja warum.«

Die SS erwartet uns in Torgau mit Kommandogebrüll und scharf geladenen Revolvern. Treibt uns auf bereitgestellte Lastwagen. Wie Vieh werden wir verladen. Wir sind nun vier Wochen auf der Fahrt, elend und erschöpft, lauter Frauen. Die SS stört das nicht. Die SS hat keine Scham. Die SS hat Handschuhe an, die obligaten Handschuhe der SS, aus grauem Wildleder. Auch hier in Torgau, wie überall. [...] Wir werden zur Lichtenburg gebracht. Die Lichtenburg ist Torgaus alte Feste, [...] ein beängstigender Riesenbau mit machtvollen Mauern, keine lichte Burg, sondern das ideale KZ.

Deutsche Truppen sind einmarschiert. Ist das der Krieg? In diese Stille hinein sagt plötzlich jemand: »Es wird Krieg geben.« Das ist das Signal. Es wird weitergegeben. Springt über wie ein Funke, der zündet, fliegt über die Reihen hin, sprengt die Blocks, löst die Ordnung auf und versetzt den Menschenhaufen in eine gefährliche Panik. [...] Die zusammengetriebene Menge bäumt sich wie ein grauenhaftes Ungeheuer in verzweifelter Ohnmacht auf und schreit ihren ganzen angestauten Hass hinaus.

Jetzt geht es los. Wehende graue Capes fahren wütend dazwischen, hetzen die rasenden Hunde auf und schlagen mit Peitschen und Gummiknüppeln wahllos auf die Menschen ein. Ich sehe Frauen, die wie Wahnsinnige nach den jaulenden und zuschnappenden Hunden treten. [...] Plötzlich sind SS-Männer unter uns, bahnen sich mit brutalen Hieben Gassen durch die Menschenhaufen, rollen Feuerwehrschläuche aus und schwemmen die verzweifelten mit armdicken Wasserstrahlen kurzerhand zusammen. Wie gefällte Bäume werden sie von den Steintreppen heruntergespült, stürzen, erheben sich wieder, taumeln schreiend hin und her und krallen sich in ihrer Todesangst aneinander fest. Die grauen Wölfinnen schlagen wie vom Teufel besessen auf sie, die Hunde haben Blut geleckt, springen immer wieder an und lassen sich nicht mehr abschütteln.

Wir wissen nur, dass wir von draußen keine Hilfe zu erwarten haben. Der sichere Bürger liest mit Befriedigung im *Völkischen Beobachter*, dass die Einrichtung der KZ das größte Erziehungswerk aller Zeiten darstelle und dass in diesen modernsten Erziehungslagern der Welt das asoziale Element des deutschen Volkes zu einem brauchbaren Bestandteil der Volksgemeinschaft umgeschmolzen werde. Wie sagte doch der SS-Mann zu der dicken alten Jüdin, als kürzlich ein Teil unseres Frauenlagers nach Ravensbrück abtransportiert wurde? »Ihr Fett«, sagte er, »reicht gut zu einem halben Zentner Seife!«

**Zitate von Lina Haag, zusammengestellt von Petra Reichenbach**

Zitiert wurde aus Lina Haags Buch *Eine Hand voll Staub. Widerstand einer Frau 1933–1945.*

*Es soll nicht Empörung, sondern Angst erzeugt werden. Sie wird erzeugt.* *

* *Aus* HAAG, *Lina:
Eine Hand voll Staub:
Widerstand einer Frau.
1933–1945,
Silberburg-Verlag,
Tübingen 2004.*

wenn ich mit ihr in ihrer Küche saß, sie mich nach meinem Leben fragte und wir uns unter anderem über Kochrezepte und Haarfarben austauschten. *Starke Frauen in der Lichtenburg* ist der Titel dieses Buches und der Ausstellung. Ich denke nicht, dass sie den Titel auf sich bezogen hätte. Waldfrieda Franz war damals siebzehn Jahre alt. Ihre Jugendzeit – ihre Entwicklung vom Mädchen zur Frau – sollte eigentlich gerade beginnen. Was ihr am meisten bedeutete – ihre Familie – wurde ihr brutal und für immer genommen. Sie war davon überzeugt, dass Gott sie die Lichtenburg und Ravensbrück überleben lassen hat.

◆ 5
Mario Franz und weitere Angehörige der Familie Franz mit Sven Langhammer beim Betreten der Lichtenburg, Mai 2010.
AJZ e.V. Dessau

Ich habe Waldfrieda im hohen Alter erlebt. Sie hatte einen sehr starken Charakter. Ich hatte den Eindruck, dass sie jeden Tag darum rang, auch noch am nächsten Tag da zu sein, um für ihren Sohn zu sorgen. Ihr Leben war, wie das aller Sinti ihrer Generation, ein einziger Überlebenskampf gegen eine zumeist feindlich gesinnte Dominanzgesellschaft. Sie brachte trotzdem die unschätzbare Stärke auf, uns zu vertrauen und Zeugnis abzulegen. Gehen wir verantwortungsvoll und in enger Zusammenarbeit mit ihrer Familie damit um.

## Mario Franz:

WAS MIR AM HERZEN LIEGT, ist, dass die heutigen Formen des Gedenkens neu gedacht werden müssen. Eine neue zeitgemäße Erinnerungs- und Bildungsarbeit sollte gemeinsam und auf Augenhöhe mit den Betroffenen erarbeitet werden. Zu Gedenkveranstaltungen, besonders in ehemaligen Konzentrationslagern, sollten Nachkommen der Opfer sowie der Täter, Mitläufer und Nachbarn eingeladen werden und zu Wort kommen, nicht um gegenüberzustellen, aber warum sollen ausschließlich die Geschädigten oder ihre Nachkommen ihre offenen Wunden der Öffentlichkeit darbieten? Gemeinsam würden wir mit Nachkommen der Täter und Täterinnen ein verständlicheres und vollständigeres Bild der damaligen Zustände wiedergeben und damit glaubwürdigere Signale und Impulse in die Gesellschaft tragen.

Franz in Bernburg ermordet wurde, erfuhr Waldfrieda erst über sechs Jahrzehnte später durch uns. Wir ersparten ihr detaillierte Informationen über die Abläufe des Massenmordes in dieser Tötungsanstalt. Am 27. Januar 2010 brachten Siegfried und Mederi Franz zum Gedenken an ihre Groß- bzw. Urgroßmutter eine Fotografie von Franziska Franz in der Gedenkstätte Bernburg an. Waldfriedas Gesundheitszustand ließ eine Reise nicht mehr zu und sie hätte auch ihren kranken Sohn niemals allein gelassen. Ich denke, dass sie in ihrer letzten Lebensphase auch keine direkte Konfrontation mit diesem Ort, an dem ihre Mutter in der Gaskammer ermordet wurde, mehr haben sollte.

Waldfrieda hatte uns eine ganz verblasste Fotografie ihrer Mutter gezeigt. Es war die einzige Abbildung ihrer Mutter, die sie besaß. Kein Foto vom Vater, keine Fotos von den ermordeten Geschwistern, deren Frauen und Kindern. Wir hielten unser Versprechen und recherchierten unter anderem im Landesarchiv Magdeburg. Dort fanden wir Akten, in denen sich von fast allen Familienangehörigen Fotografien befanden. Es handelte sich um erkennungsdienstliche Fotos, die die Kriminalpolizei Magdeburg sogar von Kindern angefertigt hatte. Wir brachten sie Waldfrieda bei unserem dritten Besuch Ende April 2009. Die Emotionen, die diese Fotografien bei ihr auslösten, vermag ich nicht in Worte zu fassen. Es war unser letzter Besuch mit Kamera, aber nicht unser letzter Besuch bei ihr. Als ich sie fragte, ob ich die Geschichte ihrer Familie in einem Film erzählen darf, war sie einverstanden. *Nicht wiedergekommen* – es waren Waldfriedas Worte, die dem Film den Titel gaben. Parallel hatte wir Kontakt zu ihrem Neffen Siegfried Franz, der im Niedersächsischen Verband deutscher Sinti aktiv war, aufgenommen. Auch er reagierte auf uns und unsere Aktivitäten sehr offen.

◆ 4
Filmcover mit Fotografien ermordeter Angehöriger der Familie Franz,
AJZ e.V. Dessau,
(Collage aus Polizeifotos)
Originale der Fotografien:
Landesarchiv Sachsen-Anhalt

Im Mai 2010 verbrachten wir mit Familie Franz ein unvergessliches Wochenende in der Lichtenburg. Dort lernte ich Mario Franz, den jüngeren Bruder von Siegfried Franz, kennen. Ihr Vater Johann Franz, der wie Waldfrieda über sechs Jahre in Konzentrationslagern hatte verbringen müssen, war im nahegelegenen Annaburg, wo sich die Korbmacherfamilie auf ihren Handelswegen häufiger aufgehalten hatte, zur Welt gekommen. Während unserer Ortsbegehung erinnerten sich Siegfried, Mario und ihre Schwestern an die mit Annaburg verbundenen Familiengeschichten, die ihnen ihr Vater erzählt hatte. Sie erkannten Gebäude aus diesen Geschichten aus dem Leben ihrer Familie vor dem Völkermord. Erzählungen über ihre Großeltern Gustav und Franziska Franz, die sie nicht hatten kennenlernen können. Obwohl wir zusammen über so manche Annaburgerzählung lachten, spürte ich den Schatten des Schmerzes, der jedem ihrer Enkel- und Urenkel auch hier innewohnte.

Als Waldfrieda Weiss am 18. Januar 2013 starb, hinterließ sie uns nicht allein ihre Zeugnisse, sondern auch das Band der Freundschaft zur Familie Franz. Ich bin ihr dafür unendlich dankbar. In meinen Erinnerungen bewahre ich auch die zwischenmenschlichen Momente,

Mit beeindruckenden Anstrengungen ließ uns Waldfrieda an ihren Erinnerungen an die Konzentrationslager Lichtenburg und Ravensbrück teilhaben. Gegen Ende des ersten Interviews fragte ich sie, ob sie mit ihrer Familie auch in Magdeburg gewesen sei. »Dort haben wir ja gewohnt, in Fermersleben.« Neben den vielen schrecklichen Schilderungen ist mir besonders im Gedächtnis geblieben, dass Waldfrieda ein Leuchten in den Augen hatte, als sie uns von der Zeit vor 1933 erzählte. Die Familie war noch zusammen und ihr Vater, der Korbmacher Gustav Franz, bei den Bauern im Fläming und in Anhalt sehr angesehen. Nach der Befreiung im Frühjahr 1945 schloss sie sich Martha Weiss, einer Leidensgenossin aus Ravensbrück an und lernte dadurch deren Bruder Karl Weiss, der ebenfalls über sechs Jahre Konzentrationslager durchlitten und fast die ganze Familie verloren hatte, kennen. »Ich hatte Glück mit meinem Mann.« Karl Weiss war ein sehr guter und gefragter Musiker und trotz bestehender Ausgrenzungen und Anfeindungen von der Dominanzgesellschaft erreichte das Ehepaar Weiss nach Jahren harter Arbeit einen guten Lebensstandard für sich und ihre drei Kinder. Obwohl über dreißig Jahre vergangen waren, schmerzte Waldfrieda der Verlust ihrer Enkelin Severin Weiss, die 1984 im Alter von nur neun Jahren an einer Herzkrankheit verstorben war. 1991 verlor Waldfrieda auch ihren Mann und acht Jahre später eine ihrer beiden Töchter, die nur 43 Jahre alt wurde.

◆ 3
Waldfrieda Weiss wenige Jahre nach der Befreiung, Privatarchiv

Anfang 2009 besuchten wir Waldfrieda zum zweiten Mal und sie gab uns ein weiteres Interview, indem sie über Magdeburg-Fermersleben und die unmenschlichen Verhältnisse im kommunalen Internierungslager am Holzweg in Magdeburg berichtete. Zunächst hatte sie noch die Schule in Magdeburg besucht. Dort waren sie und andere Sintikinder den Schikanen von Mitschülern und Lehrern schutzlos ausgesetzt. **»Das hat uns keinen Trost gegeben, nur Erniedrigung.«** Dieser Satz von Waldfrieda hat sich tief in mein Gedächtnis eingebrannt. Später waren sogenannte *Zigeuner* dann vom Schulbesuch ausgeschlossen. Demzufolge konnte Waldfrieda nicht lesen und schreiben. Wer nun denkt: »Das hätte sie doch nach der Befreiung nachholen können«, der irrt. Den Überlebenden war alles geraubt worden, die Dominanzgesellschaft stand ihnen noch immer feindlich gegenüber, die Anerkennung als Opfer rassistischer Verfolgung wurde sehr lange verweigert und Kommunen wiesen ihnen Wohnplätze an den Stadträndern zu, die nicht selten neben Müllhalden lagen. Für sich und ihre Kinder ein Leben nach dem Völkermord aufzubauen, war Schwerstarbeit.

Es fiel Waldfrieda sehr schwer, über Ravensbrück zu sprechen, aber sie wollte uns erzählen, was ihre Mutter und sie selbst dort durchmachen mussten. Jeder Augenblick geprägt von Angst, schwerster Zwangsarbeit und Hunger, der körperliche Schmerzen verursachte. Am schlimmsten war, dass sie dort die Nachricht vom Tod des Vaters erhielten und Waldfrieda hilflos zusehen musste, wie ihre Mutter immer schwächer wurde. Dann die Trennung von der Mutter, die mit anderen Frauen weggebracht wurde. »Frieda, Deine Mama haben sie zur Vergasung gebracht«, sagten ihr Leidensgenossinnen. Dass Franziska

## Jana Müller:

BIS HEUTE SIND DIE GEMEINSAMEN TAGE MIT WALDFRIEDA WEISS, geborene Franz, tief in meinen Erinnerungen verankert. Ende November 2008 besuchten der Historiker Sven Langhammer, der Kameramann Jens Jesiolkowski und ich sie zum ersten Mal in ihrer Wohnung in Osnabrück. Sven war einige Wochen zuvor, während seiner Recherchen zu Häftlingen des Konzentrationslagers Lichtenburg, darauf gestoßen, dass Waldfrieda Franz und ihre Mutter Franziska Franz, geborene Krause, dort und im Konzentrationslager Ravensbrück inhaftiert waren. Noch immer erstaunt es mich, dass Waldfrieda Weiss, ohne zu zögern, die telefonische Zusage für ein Videointerview gegeben hatte, denn sie hatte niemals zuvor außerhalb der Familie und Sintigemeinschaft über das gesprochen, was ihr und ihrer Familie während der Zeit des Nationalsozialismus angetan wurde.

Die damals 87-Jährige öffnete uns drei Fremden ihre Tür. Mir fiel ihr wacher Blick auf, aber auch ihre schmächtige Gestalt, die von instabiler Gesundheit zeugte. »Na, kommen Sie doch erst einmal herein«, habe ich ihre freundliche Stimme noch im Ohr. Sie führte uns ins Wohnzimmer, wo ihr Sohn in einem Krankenbett lag. Wir begrüßten ihn, stellten uns vor. Er begrüßte uns mit den Augen, konnte aber nichts sagen. Seine Mutter erzählte uns, dass er nach mehreren Schlaganfällen zum Pflegefall geworden war. Waldfrieda, wie wir sie bald nennen duften, pflegte ihn aufopferungsvoll. Ich denke, dass sie über diese Formulierung den Kopf geschüttelt hätte, denn sie sah das als eine Selbstverständlichkeit an.

Bei Kaffee und Kuchen lernten wir uns an diesem Tag erst einmal kennen. Waldfrieda Weiss wollte wissen, wie wir auf sie gekommen waren. Sven erklärte ihr, dass es erhaltene Dokumente gibt, die in Archiven lagern. Später kam sie darauf zurück und bat uns, nach Dokumenten ihrer Familienangehörigen zu suchen. Dass unsere Funde bei ihr und weiteren Angehörigen der Familie Franz/Weiss Schmerz und Freude zugleich auslösen würden, ahnten wir damals noch nicht.

Fast auf den Tag genau siebzig Jahre waren zwischen der Einlieferung von Waldfrieda Franz in das Konzentrationslager Lichtenburg und dem ersten Interview mit ihr vergangen. Durch die Gespräche am Vortag wussten wir, dass Waldfrieda die letzte Überlebende war. Von ihrer großen Familie hatten lediglich sie und drei Geschwister den Völkermord überlebt. Johann, Erich und Rosa Franz waren inzwischen verstorben. Elf Jahre alt war Waldfrieda, als die Nationalsozialisten die Macht im Deutschen Reich übernahmen, siebzehn als sie in der Lichtenburg zum Häftling Nummer 1156/241 gemacht wurde, und dreiundzwanzig, als sie zwar nach über sechs Jahren Lagerhaft befreit war, aber ohne ihre Eltern und über dreißig weitere nahe Familienangehörige leben musste. Aus meiner langjährigen Zusammenarbeit mit Überlebenden der Konzentrations- und Vernichtungslager wusste ich, dass kein Tag ihres Lebens ohne die Erinnerungen an die eigenen Gewalterfahrungen, aber vor allem kein Tag ohne den Schmerz über den Verlust der Angehörigen verging. Das Interview würde Waldfrieda jedoch sehr tief in das Erlittene zurückversetzen. Wir würde sie es verkraften und würde es uns gelingen, sie so umsichtig wie möglich durch den Pfad der Erinnerungen zu begleiten?

◆ 2
Waldfrieda Weiss
und Jana Müller, 2010.
AJZ e.V. Dessau

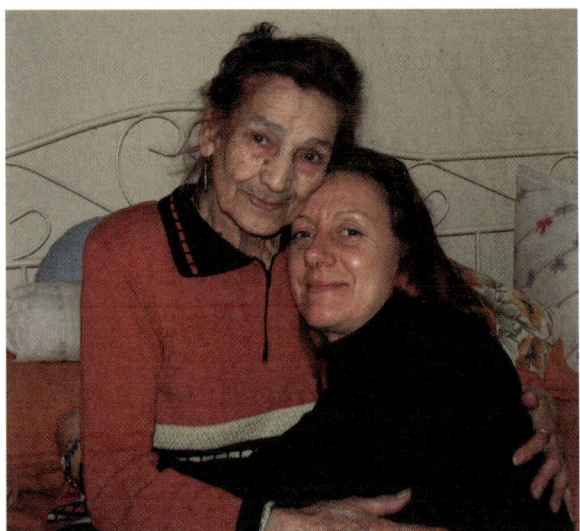

Mario Franz und Jana Müller

# *Verlorene Familie, verlorene Jugend: Waldfrieda Weiss*

## Mario Franz:

MEINE TANTE WALDFRIEDA WAR BIS INS HOHE ALTER EINE STILVOLLE FRAU: empathisch, traditionell und doch aufgeschlossen der Jugend und Neuem gegenüber. Sie war die letzte Überlebende der Nazizeit aus unserer Familie. Ich kannte sie, genau wie meinen Vater Johann, meinen Onkel Erich und meine Tante Rosa, als ungebrochenen, aufrechten, unglaublich wachen und starken Menschen mit klarem Blick für Kausalitäten.

Sie, die vier Geschwister, empfanden wir Nachkommen alle als zentralen Mittelpunkt, als einzige Konstante und Achse unserer Welt. Sie verkörperten für uns Gesellschaft, Familie und Heimat. Sie waren alle Eltern für uns, die uns lehrten für das, woran wir glauben, einzustehen. Sie vermittelten uns Werte von Menschlichkeit, Erbarmen, von wahrer Stärke durch Liebe und Loyalität. Sie boten uns all das, von dem uns die Dominanzgesellschaft, der offenbar die Fähigkeit fehlte, uns Sinti als wertvolle Menschen zu sehen, ausschloss.

Die Hoffnung sich einer zur Verständigung bereiten Mehrheitsgesellschaft bar jeder ziganen Projektion gegenüber öffnen zu können und sich die Welt und das Leben zu teilen, erschien schon seit Jahrhunderten utopisch. Sie musste nach der Zeit der deutschen barrierefreien Vernichtung unserer Lieben, mit den unzähligen grauenvoll Ermordeten, endgültig begraben werden. Dass die wenigen deutschen Sinti, die den Völkermord überlebt hatten, sich und ihre Nachfahren fortgesetzten Diskriminierungen, Anfeindungen und Benachteiligungen ausgesetzt sahen, zwang auch meine Familie, einen Schutzkokon um sich zu errichten.

Umso mehr wunderte es mich, als ich hörte, dass meine Tante sich dazu bereit erklärte, mit Jana Müller und Sven Langhammer mehrere Interviews zu führen und sich an einer Dokumentation über das Schicksal unserer engsten Familie zu beteiligten. Als ich schließlich über meinen Bruder Siegfried Jana und Sven in der Gedenkstätte Lichtenburg kennenlernen durfte, verstand ich. Erstmals begegnete ich Menschen aus der neuen Generation, deutsche Nicht-Sinti, die nicht behaftet von tradierten Ziganprojektionen waren. Meine Tante mit ihren wachen Instinkten hat dies erkannt.

Damals forschte und arbeitete ich ausschließlich intrakulturell, der Dominanzgesellschaft gegenüber verschlossen. Den Impuls, meine Arbeit nach außen zu öffnen, erhielt ich durch die mutige Zusammenarbeit meiner Tante mit Jana. Heute arbeite ich als Geschäftsführer und Sozial-Kulturberater in der Niedersächsischen Beratungsstelle für Sinti und Roma und bin unter anderem Sprecher des Niedersächsischen Verbandes deutscher Sinti e. V.

◆ 1
Waldfrieda Weiss, undatiert, Privatarchiv

## WALDFRIEDA WEISS (1921–2013)

ZIGEUNERLUMP HAT LOCH IM STRUMP! Und dann haben sie uns auch geschlagen. Wenn ich dem Lehrer davon erzählte, reagierte er gar nicht – er hatte sie ja aufgehetzt! Er wollte ja gar nicht, dass wir Sinti dort in die Schule gehen. Einen Tag vor meinem 17. Geburtstag wurde unsere ganze Familie verhaftet. Wir galten jetzt als *Fremdrassige* und *Asoziale*. Seit den Nürnberger Rassegesetzen wurde Juden, Sinti und Roma die deutsche Staatsbürgerschaft entzogen. Wir kamen in das Polizeigefängnis Hamburg-Hütten, nur meine kleine Schwester Rosa wurde in ein Kinderheim nahe Hannover gesteckt. Im Dezember wurde ich in das KZ Lichtenburg eingewiesen. – Meine Häftlingsnummer war fortan 1156/241.

Beim Zähl-Appell auf dem Schlosshof entdeckte ich eine Woche später meine Mutter. Ich stahl mich zu ihr und umarmte sie – ich hatte sie so vermisst! Das hätte ich nicht tun sollen: Verschärfter Arrest war die Folge. Die Zelle im Bunker war stockdunkel, das Bett aus Beton, eine dünne Decke und ein Kanten Brot war alles, was mich dort erwartete. Als ich nach zwölf Tagen und Nächten ins gleißende Tageslicht trat, war mir ganz schwindelig.

Im Mai 1939 wurden wir nach Ravensbrück überstellt, um dort das Konzentrationslager aufzubauen. Nachdem die ersten Baracken standen, richtete die SS Werkstätten ein. Mein Magen schmerzte immer wie Feuer – das war der Hunger. Meine Mama wollte mir so oft von ihrem Essen abgeben, sie behauptete immer, sie sei schon satt. Das war natürlich gelogen. Viele Frauen sind vor Hunger und Schwäche gestorben. Hunger, Durst, Kälte und Angst. Der Tod stand ja schon vor der Tür.

Eines Tages, es war im Sommer 1942, sah ich vom Fenster der Zuschneiderei aus, wie sie sich mit anderen älteren Frauen in eine Kolonne einreihen musste. Sie war die letzte in der Reihe. »Ich komme raus!« rief sie zu mir herauf. Meine Mutter dachte wirklich, sie würde entlassen werden. Und ich konnte mich nicht einmal verabschieden. Alle Frauen, die zu alt oder zu schwach zum Arbeiten geworden waren, wurden in der Gaskammer der Tötungsanstalt Bernburg ermordet. Sie war 62 Jahre alt.

Wenn eines der Betten nicht exakt nach Vorschrift gemacht war, mussten wir es wieder und wieder machen, so lange bis es der Aufseherin gefiel. Zur Strafe mussten wir dann alle nachts raus zum *Appell*, die ganze Nacht auf dem Platz ohne Schuhe und ohne Schlüpfer in der Winterkälte stundenlang strammstehen. Wer ohnmächtig wurde und umfiel, bekam noch eins mit der Peitsche übergezogen. Erst wenn der Appell zu Ende war, durften wir die Ohnmächtigen in die Baracke tragen, dann zogen wir sie aus und legten sie ins Bett, damit es nicht schmutzig wurde.

Nach über sechs Jahren Überlebenskampf in KZ-Haft erlebte ich Ende April 1945 die Befreiung. Ich machte mir große Sorgen um meine Brüder. Sie waren im berüchtigten KZ Mauthausen. Wie so viele hat mein Vater die harte Arbeit im Granitsteinbruch, der *Todesstiege von Mauthausen*, nicht geschafft. Er wurde daraufhin vom Kapo zu Tode misshandelt. Für die Akten wurde als Todesursache *Mastdarmerkrankung, Herz- und Kreislauferkrankung* erfunden.

Von den vielen Angehörigen meiner großen Familie überlebten nur wir vier, meine beiden Brüder, meine Schwester und ich.

**Waldfrieda Weiss in den Mund gelegt von Petra Reichenbach**

**Auf der Basis der Interviews im Dokumentarfilm *Nicht wiedergekommen* von Jana Müller und des Buchs *Olga Benario* von Ruth Werner, inspiriert von den Schüler:innen der 9. Klasse des Gymnasiums Jessen 2021**

*Ich wusste ja gar nicht, ob ich das morgen noch überleben würde.*\*

\* *Aus einem Interview mit Waldfrieda Weiss im Dokumentarfilm »Nicht wiedergekommen« Regie: Jana Müller, Deutschland, 2010.*

9 HESSE/HARDER *(wie Anm. 1), S. 439.*

10 HESSE/HARDER *(wie Anm. 1), S. 361.*

11 HESSE/HARDER *(wie Anm. 1), S. 362.*

12 HESSE/HARDER *(wie Anm. 1), S. 364.*

13 *Jehovas Zeugen, Archiv Zentraleuropa, Bericht von Ruth Pellin, 09.03.1999.*

Krieges das *Vaterland mit der Waffe in der Hand verteidigen*[9] – wie es formuliert wurde. Franz Pellin brachte nicht die gleiche Kraft auf. Vermutlich unterschrieb er die Erklärung. Er wurde Ende 1938 aus dem KZ Sachsenhausen entlassen und reichte im Februar 1940 die Scheidung ein. Das Scheidungsurteil wurde am 2. November 1940 rechtsgültig. Franz Pellin wurde Marinesoldat und kam im Dezember 1941 bei Rotterdam ums Leben.

Die im oben angeführten Buch veröffentlichten Haftbriefe an Tochter Ruth lassen die Spannungen zwischen den Eheleuten nach der KZ-Entlassung von Franz Pellin erahnen. Und auch ihre Tochter mahnt Amalie Pellin immer wieder, tritt dabei manches Mal fordernd auf und wird das junge Mädchen damit auch überfordert haben. Die Zustände in den Konzentrationslagern lassen die Forderungen wiederum verständlich werden. Es ging Amalie Pellin um den Kontakt nach Hause (»Lege bitte Bilder bei.«[10] 3. Januar 1938 aus Moringen), um das Bewahren von Würde und Menschlichkeit (»Ich warte vergebens auf das Paket. Ich möchte endlich mal reine Leibwäsche haben.«[11] 16. Januar 1938 aus Moringen) und letztlich um das Überleben. Die Zeugin Jehovas stand unter enormem psychischem Druck, von ihr immer wieder als *Nervosität*[12] bezeichnet, der sich auch körperlich auf sie auswirkte.

Ruth Pellin hat im Gegensatz zu ihrer Mutter die NS-Zeit überlebt. Sie fand immer wieder Personen, die Verständnis für ihre Situation hatten und sich ihrer annahmen. Jahrzehnte später schrieb sie, dass sich die Ereignisse in der Kindheit »nicht zum Schlechten in [ihrem] Leben ausgewirkt« haben. Das Gegenteil war der Fall: »Die Treue meiner Mutter bis in den Tod, ihr Eifer für Jehova auch unter Verbot, haben mich beeinflußt und angespornt.«[13]

In Deutschland waren die Bibelforscher seit dem Ende des 19. Jahrhunderts aktiv. Schon im Ersten Weltkrieg fielen sie durch ihre Kriegsdienst- oder Waffendienstverweigerung auf. Amalie Pellin hatte 1918 das erste Mal Kontakt zu den Internationalen Bibelforschern. Kiel schien ein Zentrum der Vereinigung in Norddeutschland zu sein, seit spätestens 1910 waren Bibelforscher dort tätig. In Bremerhaven lässt sich eine Tätigkeit erstmals für das Jahr 1915 nachweisen.

Amalie und Franz Pellin ließen sich 1921 als Bibelforscher taufen. Der Glaube war seitdem ein zentraler Punkt im Leben der Familie und spiegelte sich im Besuch von religiösen Zusammenkünften, dem Lesen in der Bibel und der Durchführung des Missionsdienstes wider. Als die Nationalsozialisten 1933 die Religionsausübung faktisch verboten hatten, musste Familie Pellin ihre religiöse Überzeugung im Geheimen ausüben und die andauernden Repressalien und ihre Verfolgungen ertragen, wie die mehrfach meist in der Nacht durchgeführten Hausdurchsuchungen.

Der Glaube war die Kraft im Leben von Amalie Pellin, die sie letztlich widerstehen ließ. Sie ließ sich nicht von den Nationalsozialisten und ihrem System gleichschalten. Sie ging auch nach ihrer Verhaftung keine Kompromisse ein. In der Lichtenburg zeigte sich das u. a. dadurch, dass sie es mit ihren Glaubensschwestern ablehnte, Hitlerreden anzuhören, weil damit patriotische Zeremonien verbunden waren. In Ravensbrück weigerte sie sich im Dezember 1939 mit etwa 400 weiteren Zeuginnen Jehovas, Taschen für Soldaten zu nähen und so den Krieg zu unterstützen. Dies wird heute als eine der eindrucksvollsten Widerstandsaktionen in der Geschichte der NS-Konzentrationslager bezeichnet. Die SS reagierte darauf mit einer mehrmonatigen Bestrafungsaktion, in der die Häftlingsfrauen Unmenschliches erleiden mussten.

**7** HESSE/HARDER (wie Anm. 1), S. 365.

**8** HESSE/HARDER (wie Anm. 1), S. 369.

◆ 5
Amalie Pellin mit Tochter Ruth, um 1936. Jehovas Zeugen, Archiv Zentraleuropa

Diese Glaubenskraft geht aus einigen Briefen Amalie Pellins an ihre Tochter hervor, etwa als sie am 22. Februar 1938 aus Moringen schrieb: »Mein Spruch zur Konfirmation lautet: *Sei getreu bis in den Tod, so will ich dir die Krone des Lebens geben.* Der hat mich mein ganzes Leben geleitet. Ich bewundere am Tage den schönen Himmel und in der Ferne die Berge und Wälder. Abends den herrlichen Sternenhimmel jetzt beim Frost tritt er so klar hervor, dass ich mit Ehrfurcht mit dem Dichter ausrufen möchte im Herzen sagt es mir: dich predigt Sonnenschein und Sturm, dich preist der Sand am Meer, ruft auch der geringste Wurm, bringt unserem Schöpfer Ehre. **Es ist ein köstlich Ding im Herzen Frieden zu haben, einen Frieden den die Welt nicht kennt.**«[7] Oder als sie am 15. Januar 1941 aus Ravensbrück schrieb: »Mach dir keine Sorge um mich. Gott sorgt für mich.«[8]

Amalie Pellin unterschrieb nicht die *Verpflichtungserklärung*, die Zeugen Jehovas in der Haft vorgelegt und nach deren Unterzeichnen eine Entlassung in Aussicht gestellt wurde. Danach hätte sie sich nicht nur von ihrem Glauben lossagen müssen, sondern sich auch verpflichtet, andere Zeugen Jehovas zur Anzeige zu bringen. Und im Falle eines

◆ 4
Häftlingsfrauen beim Beladen von Loren, um 1941: Die Häftlinge waren ungeschützt der Witterung ausgesetzt. Vermutlich tragen die Frauen Mutterboden für den Gartenbau ab. Ab 1940 ließen der Inspekteur der Konzentrationslager und das SS-Hauptamt *Haushalt und Bauten* Fotodokumentationen der Konzentrationslager erstellen. Die Fotos sollten den Ausbau der Lager, besondere Gebäude und den »produktiven Einsatz der Häftlinge« an ihren Arbeitsstellen dokumentieren. Die 92 Aufnahmen des Ravensbrücker Albums vermitteln den Anschein von Ordnung und Effizienz. Fotograf:in unbekannt, Mahn- und Gedenkstätte Ravensbrück, Foto-Nr. 1699

3   Vgl. BERSCH, Falk: *Aberkannt! Die Verfolgung von Jehovas Zeugen im Nationalsozialismus und in der SBZ/DDR*, Berlin 2017, S. 293.

4   HESSE/HARDER (wie Anm. 1), S. 364.

5   *Gestützt auf Jesaja 23, 10–12: „Ihr seid meine Zeugen, spricht Jehova, und ich bin Gott" (zitiert nach der Elberfelder Bibel, Ausgabe 1939).*

6   *Matthäusevangelium 24, 14 (zitiert nach der Neuen-Welt-Übersetzung der Heiligen Schrift, Ausgabe 1963).*

inhaftiert (einschließlich der besetzten Länder 11.300), 2.800 kamen in die Konzentrationslager (einschließlich der besetzten Länder 4.200) und etwa 1.150 verloren ihr Leben (einschließlich der besetzten Länder etwa 1.750). Das bedeutet, dass im Deutschen Reich fast 43 Prozent aller Zeugen Jehovas unmittelbar verfolgt und etwa 35 Prozent inhaftiert wurden.³

### Amalie Pellins Werdegang

Amalie Walendy wurde am 13. Oktober 1892 in Suchsdorf, heute ein Stadtteil von Kiel, geboren. Über ihre Kindheit und Jugend, ihre Ausbildung und ihr soziales Umfeld ist kaum etwas bekannt. Auch zu ihrem Werdegang vor der Verfolgung durch die Nationalsozialisten gibt es noch viele offene Fragen. Franz Pellin stammte aus Neustrelitz in Mecklenburg. Seine Berufe werden mit Nieter und Schiffskoch angegeben. Ein erster Eintrag im Adressbuch von Bremerhaven findet sich erst für das Jahr 1925, wobei auch hier unklar ist, wann er in der Stadt an der Nordsee ansässig wurde. Amalie Walendy zog 1919 von Suchsdorf dorthin, kurz darauf wieder zurück, 1920 dann endgültig nach Bremerhaven.

Am 20. März 1920 heirateten Amalie Walendy und Franz Pellin. Das Ehepaar wohnte in Geestemünde, was damals noch eine selbstständige Stadt war. Amalie Pellin hatte den 1913 geborenen Sohn Kurt mit in die Ehe gebracht, der offensichtlich unehelich war, wie sie das in ihren Briefen an Tochter Ruth später mehrfach andeutete. Offenbar hatte sie in ihrer Jugend eine schmerzvolle Erfahrung machen müssen, was ihre wiederholten eindringlichen Warnungen verständlicher macht: »Schenke nicht jedem Mann Vertrauen[,] der sich Dir nähert. Die Mehrzahl geht nur darauf aus, junge Mädchen unglücklich zu machen [...]. Möge der Herr Dich vor einem Schicksal[,] wie es das meine war[,] behüten«⁴, schrieb sie etwa am 8. Februar 1938 aus Moringen. Ruth wurde 1920 geboren. In dieser Zeit schloss sich die Familie der Internationalen-Bibelforscher-Vereinigung an.

### Amalie Pellins Glaube

Die Zeugen Jehovas sind eine christliche Religionsgemeinschaft. Die Grundlage ihres Glaubens und ihrer Lebensführung bildet die Bibel, die sie in ihrer Gesamtheit als das Wort Gottes betrachten. Die Gemeinschaft entstand im letzten Drittel des 19. Jahrhunderts in den Vereinigten Staaten, die Mitglieder nannten sich zunächst Bibelforscher. 1931 nahmen sie den Namen Jehovas Zeugen⁵ an. Am Urchristentum orientiert haben sie sich die Verbreitung christlicher Werte und Lehren, wozu die *gute Botschaft vom Königreich Gottes*⁶ gehört, dass das Böse auf der Erde beseitigen und ein Paradies errichten soll, zur Aufgabe gemacht. Das Werk der Religionsgemeinschaft wird auch heute noch einzig durch freiwillige Spenden finanziert. Die Zeugen Jehovas entsenden Missionare, verbreiten Literatur und ihr Missionseifer ist sprichwörtlich geworden. Jeder Zeuge Jehovas nimmt die von Jesus Christus ergangene Aufforderung, das Evangelium zu verbreiten, als persönlichen Auftrag an.

Die Zeugen Jehovas galten in der Bundesrepublik Jahrzehnte als *vergessene Opfer*. In der DDR wurde nach einem erneuten Verbot 1950 ihre Existenz in den Konzentrationslagern weitgehend verschwiegen. Heute sind Historikerinnen und Historiker im Allgemeinen der Ansicht, dass das Verhalten der Männer und Frauen, die in den Konzentrationslagern eine eigenständige Häftlingsgruppe, gekennzeichnet durch einen lila Winkel, bildeten, als Widerstand gewertet werden muss. Auch wenn sich die Zeugen Jehovas selbst als unpolitisch betrachtet haben, ihre Untergrundorganisation mit den geheimen Gottesdiensten, dem Schriftenschmuggel, der Literaturvervielfältigung und den Flugblattaktionen, ihre Weigerungen in NS-Organisationen einzutreten – und sei es *nur* die Deutsche Arbeitsfront –, den Kriegsdienst durchzuführen, den Hitlergruß zu verwenden – aus Sicht der Nationalsozialisten war dies Widerstand gegen ihr System. Was dazu führte, dass die relativ kleine Gruppe von Christen – 1933 wurden im Deutschen Reich um die 25.000 Mitglieder gezählt – von den Nationalsozialisten mit aller Härte verfolgt wurde. Gegen 10.700 deutsche Zeuginnen und Zeugen Jehovas sind Verfolgungsmaßnahmen nachgewiesen (einschließlich der ab 1938 im Zweiten Weltkrieg besetzten Länder Europas 13.400), 8.800 wurden

◆ 3
In einer weltweiten Protestaktion gegen die Behinderung von Jehovas Zeugen wurden 1.032 Briefe aus Deutschland und etwa 20.000 Telegramme aus dem Ausland an die deutsche Reichsregierung geschrieben. In verschiedenen Sprachen wurde die *schlechte Behandlung der Zeugen Jehovas* beklagt und gedroht: *Hören Sie auf, Jehovas Zeugen weiterhin zu verfolgen, sonst wird Gott Sie und Ihre nationale Partei vernichten.* Telegramm einer Zeugin Jehovas aus den Vereinigten Staaten an die *Hitlerregierung* vom 7. Oktober 1934. Jehovas Zeugen, Archiv Zentraleuropa

## RESOLUTION

JEHOVAS ZEUGEN, die sich nun in Luzern, Schweiz, versammelt haben, sind von vielen Teilen der Erde zusammengekommen, um Jehova im Geist und in der Wahrheit anzubeten und um dem allmächtigen Gott, dessen Name allein Jehova ist, für seine vielen Segnungen zu danken.

Indem wir wissen, daß Jehova immer treulich seine Verheißungen erfüllt, und daß er vor vielen Jahrhunderten versprach, auf Erden sein Königreich der Gerechtigkeit mit Christus Jesus als dem rechtmäßigen Herrscher der Welt aufzurichten, und wir nun aus der Erfüllung der Prophezeiung erkennen, daß der Tag des Königreiches Jehovas herbeigekommen ist, freuen wir uns des Vorrechtes, seine Knechte und Zeugen zu sein und erklären unsere bedingungslose Treue dem Allmächtigen und seinem Königreich gegenüber. Es ist unsere Freude, der leidenden Menschheit zu verkünden, daß Gottes Königreich unter Christi Herrschaft die e i n z i g e Hoffnung des Volkes ist.

Wir heben die Tatsache hervor, daß Satan der große Feind all derer ist, die Jehova Gott dienen, und daß er, Satan, sich zu allen Zeiten der Religionsvertreter bedient hat, um die, die Gott im Geist und in der Wahrheit anbeten, zu bekämpfen und zu verfolgen. Aus diesem Grunde sind viele wahre Nachfolger Christi Jesu verhindert, an diesem Kongreß teilzunehmen, da sie in Deutschland und an anderen Orten in Haft gesetzt worden sind, nicht weil sie etwas Böses getan hätten, sondern weil sie Gott und Christus Jesus dienen und, Gottes Gebot gemäß, sein Wort und sein Königreich verkündigen.

Das Gesetz Gottes ist das höchste Gesetz. Gott ist erhaben über allem, und gleichwie Jesus und die Apostel Gott vor allen Dingen und zu allen Zeiten dienten und bezeugten, dies zu wollen, so erklären auch wir, daß wir Gott mehr gehorchen wollen als den Menschen.

Wir rufen alle gutgesinnten Menschen auf, davon Kenntnis zu nehmen, daß Jehovas Zeugen in Deutschland, Österreich und anderswo grausam verfolgt, mit Gefängnis bestraft, und auf teuflische Weise mißhandelt und manche von ihnen getötet werden. Alle diese verruchten Taten werden gegen sie von einer grausamen, heimtückischen und bösen Macht verübt, wozu diese durch jene religiöse Organisation, nämlich die römisch-katholische Hierarchie, welche viele Jahre lang das Volk getäuscht und den heiligen Namen Gottes gelästert hat, veranlaßt wird. Die Hitlerregierung, die von den Jesuiten der römisch-katholischen Hierarchie unterstützt wird und beeinflußt wird, hat wahren Christen jede Art grausamer Bestrafung auferlegt und fährt fort dies zu tun, gleichwie auch Christus Jesus und seine Apostel um der Gerechtigkeit willen verfolgt wurden. Jehova Gott hat seinen Knechten befohlen, diese Bösen (Hesekiel 33: 8, 9) zu warnen, damit die volle Verantwortung für ihr verkehrtes Handeln an ihnen selbst ruhe. Aus diesem Grunde lassen wir heute die Warnung an die Herrscher in Deutschland, an die römisch-katholische Hierarchie und an alle ähnlichen Organisationen,

◆ 2
Flugschrift *Resolution*, die auch von Amalie Pellin im Dezember 1936 verbreitet wurde. Jehovas Zeugen, Archiv Zentraleuropa

2 HESSE/HARDER (wie Anm. 1), S. 357.

## Amalie Pellins Haftweg

Der Zeitpunkt von Amalie Pellins Verhaftung ist nicht bekannt. Am 19. Juni 1937 stand sie vor dem Hanseatischen Sondergericht in Bremerhaven und wurde zu einer mehrmonatigen Haftstrafe verurteilt. Die Beteilung an der Flugblattaktion konnte ihr nicht nachgewiesen werden, wohl aber Erwerb und Verbreitung von Literatur der Zeugen Jehovas. Damit hatte sie – so die überlieferte Anklageschrift – geholfen, die »illegale Bibelforschervereinigung [...] aufrechtzuerhalten und weiter auszubauen«[2].

Die Haftstrafe saß die zweifache Mutter im Frauengefängnis Vechta ab. Danach wurde sie nach Bremerhaven rückverlegt und vom dortigen Polizeigefängnis erfolgte ihre Überstellung in ein Konzentrationslager. Amalie Pellin ging nun den Weg wie viele weitere Zeuginnen Jehovas und andere widerständige Frauen auch: Moringen, Lichtenburg, Ravensbrück. Diesen Haftweg haben Hans Hesse und Jürgen Harder in ihrer 2001 erschienenen Studie *Und wenn ich lebenslang in einem KZ bleiben müßte ...* ausführlich beschrieben. Und sie machen auf eine Besonderheit aufmerksam: In diesen Konzentrationslagern stellten die Zeuginnen Jehovas bis Kriegsbeginn jeweils die zahlenmäßig größte Häftlingsgruppe. In Moringen waren im November 1937 51 Prozent der inhaftierten Frauen Zeuginnen Jehovas. Nach der Verlegung des Lagers in die Lichtenburg bildeten auch hier die 410 Zeuginnen die zahlenmäßig stärkste Gruppe unter den weiblichen Häftlingen. Kurz vor der Verlegung der Frauen in das KZ Ravensbrück war etwa jede dritte Gefangene in der Lichtenburg eine Angehörige der Glaubensgemeinschaft. Ihr Anteil lag damit deutlich über dem der Kommunistinnen und Sozialdemokratinnen. Und auch eine erste Stärkemeldung des KZ Ravensbrück vom 21. Mai 1939 zeigt, dass von 974 weiblichen Gefangenen 388 Zeuginnen Jehovas waren, was einen Anteil von 39,8 Prozent ausmacht. Sie waren somit bis Ende des Jahres 1939 die stärkste Häftlingsgruppe im Lager. Dann änderte sich mit dem Zweiten Weltkrieg die Häftlingsstruktur der Konzentrationslager erheblich.

30 Briefe und Postkarten, die Amalie Pellin aus dem Gefängnis Vechta und aus den Lagern Moringen, Lichtenburg und Ravensbrück an ihre Tochter Ruth schrieb, sind erhalten geblieben. Ein Großteil der Texte haben Hesse und Harder in ihrem Band abgedruckt. Der letzte Brief stammte vom 21. Dezember 1941 aus Ravensbrück. Der Leidensweg von Amalie Pellin führte Anfang 1942 von dort nach Auschwitz, wo sie am 29. November 1942 ums Leben kam.

Falk Bersch

# *Amalie Pellin und die Kraft in ihrem Leben*

IM JUNI 1936 BILDETE DIE GESTAPO EIN SONDERKOMMANDO zur Verfolgung der Zeugen Jehovas. In Folge der Ermittlungen kam es im August und September 1936 zu einer reichsweiten Verhaftungswelle von Angehörigen der Glaubensgemeinschaft. Am 31. August 1936 wurde auch Franz Pellin festgenommen, zunächst in Bremerhaven inhaftiert und im Oktober in das KZ Sachsenhausen deportiert. Seine Frau Amalie Pellin blieb zu diesem Zeitpunkt vom Zugriff der Gestapo noch verschont – oder sie wurde wieder entlassen. Die Verhaftung ihres Mannes schien sie jedoch nicht zu schrecken, denn im Dezember 1936 beteiligte sie sich an der Verteilung eines Flugblattes mit dem Titel *Resolution*, in dem die Zeugen Jehovas ein Bekenntnis für ihren Glauben ablegten und auf ihre Verfolgung im Deutschen Reich aufmerksam machten. »Wir rufen alle gutgesinnten Menschen auf, davon Kenntnis zu nehmen, daß Jehovas Zeugen in Deutschland, Österreich und anderswo grausam verfolgt, mit Gefängnis bestraft, und auf teuflische Weise mißhandelt und manche von ihnen getötet werden«[1], so lautet ein Satz aus der Flugschrift, von der am 12. Dezember in einer Blitzaktion etwa 100.000 Exemplare in deutschen Städten verteilt wurden.

◆ 1
Amalie Pellin mit ihrer Tochter Ruth, um 1925.
Jehovas Zeugen, Archiv Zentraleuropa

[1] *Zitiert nach:* HESSE, *Hans/* HARDER, *Jürgen: Und wenn ich lebenslang in einem KZ bleiben müßte ... Die Zeuginnen Jehovas in den Frauenkonzentrationslagern Moringen, Lichtenburg und Ravensbrück, Essen 2001, S. 428.*
*Die Informationen im vorliegenden Text entstammen neben Angaben aus dem Archiv von Jehovas Zeugen in Zentraleuropa vor allem dieser Quelle.*

 AMALIE PELLIN (1892–1942)

»ERSATZZEITSCHRIFT DES WACHTTURM ZUM PREISE VON 25 PFG. GEKAUFT.« So lautete die Anklage. Mit meinem Kauf habe ich die verbotene *Bibelforscher-Vereinigung* unterstützt, das war Widerstand gegen das NS-System. Die Vereinigung der Bibelforscher nannte sich seit 1931 *Zeugen Jehovas*. Wir waren konsequent unpolitisch, den Nationalsozialisten galten wir als staatsfeindlich, weil wir uns weigerten, den Hitlergruß zu machen oder Militärdienst zu leisten.

Als ich 1937 verhaftet wurde, war meine Tochter gerade siebzehn und stand plötzlich ganz alleine da. Ihr Vater war schon vor mir in Gewahrsam genommen worden und ihr älterer Bruder Kurt fuhr zur See. Dann wurde auch noch unsere Wohnung enteignet, meine arme Ruth musste sie anderen Leuten überlassen. – Tapfere Ruth! Nur gut, dass sie schon so selbstständig war. Als ich in Bremerhaven in Haft saß, hat sie sogar an Adolf Hitler geschrieben und um meine Freilassung gebeten.

Nachdem ich in das KZ Moringen überstellt wurde, mussten wir uns auf Briefe beschränken, die natürlich zensiert wurden. Ich glaube, ich habe meine Tochter ganz schön gequält mit meinen vielen Bitten und Aufträgen – als hätte sie es nicht schon schwer genug gehabt. Meine Ruth! Ich nannte sie immer meinen größten Sorgenstein. Vielleicht hab ich sie ein paarmal zu oft ermahnt, gut auf sich aufzupassen und sich nicht vom nächstbesten Junggesellen verführen zu lassen – und niemals ihren Glauben zu verleugnen. In meinen Briefen bat ich sie regelmäßig um ein bisschen *Taschengeld*, damit ich im KZ wärmende Strickwolle oder etwas zum Essen kaufen konnte.

In der Lichtenburg bekam ich erst einmal Schreibverbot. Das war eine grausame Strafe, denn die paar Lebenszeichen von ihr, und seien sie auch noch so kurz und alltäglich, hielten mich am Leben. Nur mit Sondergenehmigung durfte ich ab und zu eine Karte schreiben, manchmal mit fünf, manchmal mit maximal zwei Zeilen. Da musste ich erfinderisch werden und viel abkürzen.

Wir Zeuginnen Jehovas sollten die sogenannte *Verpflichtungserklärung* unterzeichnen und damit versichern, dass wir unserem Glauben abschwören. – Wir denken nicht daran! Hitlers Diktatur ist gotteslästerlich und wir sind gegen den Krieg! Für unsere Nicht-Kooperation landeten wir im Block 4, dem Strafblock der Lichtenburg. Ich denke, mein Mann hat die Erklärung damals unterschrieben, denn er wurde 1938 aus dem KZ Sachsenhausen entlassen. Zwei Jahre später hat er dann die Scheidung eingereicht.

Auch im folgenden KZ Ravensbrück wurden wir der *Strafkompanie* zugewiesen. Wir trugen den lila Winkel der Zeuginnen Jehovas. Ausgezehrt und schwach, wie wir waren, mussten wir schwere Möbel schleppen. Es gab Nächte, in denen ich nach der Knochenarbeit vor Schmerzen nicht schlafen konnte. Die Aufseherinnen schikanierten uns, wo sie nur konnten. Als Strafe bekamen wir sehr oft Essensentzug.

Nach insgesamt vier Jahren Haft kam ich nach Auschwitz. Die SS brauchte Frauen, die das Lager dort aufbauten – und nebenbei konnten sie uns endlich loswerden. Auf meiner Sterbeurkunde steht, ich sei an den Folgen einer *Grippe bei Herzschwäche* gestorben. Die wahre Todesursache wird, wie bei vielen anderen, wohl nie mehr ans Licht kommen.

**Amalie Pellin in den Mund gelegt von Petra Reichenbach**

Inspiriert u. a. von Schüler:innen der 9. Klasse des Gymnasiums Jessen 2021

*Das Herz so voll Wonne, wie kann man da traurig sein.* \*

> \* *Aus einer Karte vom 22. März 1938 nach Amalie Pellins Ankunft im Frauen-KZ Lichtenburg. Sie kommt auf die spätere Strafstation 4. Ihre Häftlingsnummer lautet 443.*
> HESSE, *Hans* / HARDER, *Jürgen » ... und wenn ich lebenslang in einem KZ bleiben müßte  ...«: Die Zeuginnen Jehovas in den Frauenkonzentrationslagern Moringen, Lichtenburg und Ravensbrück, Klartext Verlag, Essen 2001, S. 367.*

Nur mit Glück und durch die Hilfe ihres Bruders Kurt entkam sie der Hölle im KZ Lichtenburg. Er erreichte, dass sie 1938 durch eine US-amerikanische Organisation freigekauft werden konnte. Über die Schweiz und Italien emigrierte sie nach Palästina, lebte eine Zeit lang in Ägypten, London und auf der Insel Zypern, betrieb mal ein Restaurant, war außerdem Tänzerin in einem Nachtclub. Sie heiratete einen britischen Major und nach der Scheidung einen Colonel, ebenfalls Brite, dem sie 1965 nach Berlin folgte. Als er starb, war sie gerade 60 Jahre alt und musste allein für ihren Lebensunterhalt sorgen.

Hier begann ihre Karriere – und obwohl sie bereits im fortgeschrittenen Alter war, als sie von Regisseur Rosa von Praunheim für den Film entdeckt wurde, bezeichnete sie sich noch mit 78 Jahren als *Nachwuchstalent*. Zwischen von Praunheim und ihr entwickelte sich eine fruchtbare Zusammenarbeit. 1988 übernahm sie die Hauptrolle in seinem Film *Anita – Tänze des Lasters*. Zwei Jahre später dann der Durchbruch mit *Affengeil*, wieder ein Film von Rosa von Praunheim, eine Art Lotti-Huber-Porträt, für das auch an Originalschauplätzen in ihrer Geburtsstadt Kiel gedreht wurde. Sie war seine große Entdeckung, beide verband außerdem eine enge Freundschaft.

Doch sie war nicht nur als Schauspielerin erfolgreich. Nach und nach erarbeitete sie aus ihren Lebenserinnerungen ein Bühnenprogramm, eine Mischung aus Gespräch, Tanz, Kabarett und Musik, mit dem sie bis zu ihrem plötzlichen Tod auftrat.

Bis ins hohe Alter erhielt sie sich ihre Lebensfreude und ihre überbordende Begeisterungsfähigkeit. »Wenn man einen großen Schmerz erlebt hat, ungeheure Dinge erlebt hat, nur dann kann man souverän ganz große Freude erleben«, sagte sie dem österreichischen Journalisten Günter Nenning einmal in der Talkshow *3 nach 9*. In Bezug auf das Alter meinte sie damals: »Man hat eine hinreißende Freiheit.« Und die hat sie für sich immer genutzt. Ihre Auftritte waren stets ein engagiertes Plädoyer dafür, dass sich die Begriffe Alter und Spaß nicht ausschließen müssen.

Lotti Huber starb am 31. Mai 1998. Sie wurde auf dem jüdischen Friedhof in Berlin Charlottenburg beerdigt. Ihr Begräbnis hätte ihr wahrscheinlich gefallen. Unter den rund 500 Trauergästen waren viele Freundinnen, Freunde und Weggefährten, natürlich auch Rosa von Praunheim. »Wenn ich tot bin, dann freut Euch. Das Leben geht weiter«, soll sie einmal gesagt haben. »Lotti Huber war ein Unikat«, sagte Berlins Ex-Kultursenator, der CDU-Politiker Volker Hassemer, an ihrem Grab.

Dass in ihrer Geburtsstadt Kiel ausgerechnet eine Altenwohnanlage nach ihr benannt worden ist, lässt hoffen, dass die dort wohnenden Seniorinnen und Senioren sich die Lebensmaxime der Namensgeberin zu eigen machen. Als Huber einst gefragt wurde, was sie alten Leuten raten würde, sagte sie: »**Dass sie ihre Erfahrungen ausnutzen und immer wissen, dass es nie zu spät ist, kreativ zu sein, etwas Neues anzufangen und das Leben zu genießen!**« – Auch 25 Jahre nach Lotti Hubers Tod ist das immer noch eine schöne Botschaft.

◆ 5
Lotti Huber besucht das Kieler Rathaus als Ehrengast der Stadt.
© Fotoatelier Ute Boeters, 1991, Stadtarchiv Kiel,
1.1 FotoSlg 77196

*Quellen:*

SUPP, *Barbara: Schöne Männer, schwüle Nächte*, Der Spiegel, Ausgabe 49/1990, vom 2. Dezember 1990

RÜBSAM, *Jens: Der letzte Auftritt der Lotti Huber*, TAZ vom 6. Juni 1998

HUBER, *Lotti: Jede Zeit ist meine Zeit*, dtv, München, 4. Auflage, August 1998

HUBER, *Lotti: Diese Zitrone hat noch viel Saft! Ein Leben*, dtv, München, 11. Auflage, Oktober 2011

*Die Harald-Schmidt-Show aus dem Jahr 1995, SAT 1 (YouTube-Mittschnitt)*

*Talkshow 3 nach 9 vom 26. Oktober 1984, Radio Bremen (YouTube-Mitschnitt)*

BRUNST, *Klaudia: Sag ihnen, die Alte krabbelt noch*, TAZ vom 16. Oktober 1992

◆ 4
Die Bildjournalistin Moira Mücke erinnert sich: »Lotti Huber war die erste bekannte Persönlichkeit, die ich interviewt habe, damals als Journalistin ... ich erinnere mich gut, wie ich mit weichen Knien den Kudamm hochging ... sie wohnte in einer Seitenstraße ... dann machte sie die Tür auf ... inklusive Hochfrisur und Absätzen kleiner als ich (was mir auf der Bühne nicht so stark aufgefallen war) ... guckte mir in die nervös flatternden Augen und sagte: ›Komm rein, Kindchen. Haste Hunger? Ich mach Dir 'ne Stulle.‹«
© Moira Mücke

Vor sich her trug sie diese Vergangenheit nie, aber sie machte sie immer wieder zum Thema. Als sie ins KZ kam, war sie erst 25. Dort, »wo der Wahnsinn regiert«, so sagte sie in einem Interview, habe sie beschlossen »dass meine Normen und mein sittliches Denken immer nur von mir selbst abhängig sein dürfen.« Und weiter: »Die bitteren Erfahrungen im Konzentrationslager von menschlicher Unwürde, von der Verachtung des Geistes und der Seele – Erfahrungen von absurden Abscheulichkeiten, zu denen Menschen fähig sind – stärkten meine Selbstachtung und meinen Willen, nur an mich selbst zu glauben, mich nicht abhängig von der Meinung anderer zu machen, frei zu sein von konventionellen Moralvorstellungen.« Es sind ganz und gar erstaunliche Äußerungen, für Huber waren sie nach eigenem Bekunden von existenzieller Bedeutung, Stark-Macher, mit denen sie sich innerlich rüstete, um die Schrecken der Haft überstehen zu können und damit auch das Fundament für ein lebensbejahendes Danach zu legen.

Mit dieser Einstellung habe sie fortan schwierige Situationen im Leben durchgestanden. Noch im KZ, so Huber im Interview weiter, »habe ich mich gewehrt, opponiert und bin kraftvoll geworden durch diese Erfahrung.« Den »bescheuerten Wächterinnen« gegenüber habe sie sich trotz der bestehenden Machtverhältnisse überlegen gefühlt. Eine Haltung, die nicht ohne Wirkung blieb. Denn obwohl im KZ üblicherweise alle Häftlinge als Form der Degradierung geduzt wurden, schreibt Huber über die Begegnungen mit einer jungen Wärterin, deren Sympathie sie sich offenbar erworben hatte: »Wenn wir allein waren, siezte sie mich als Zeichen ihrer Achtung.«

Die Glasfront im Foyer der Gedenkstätte schließlich ist mit Zitaten ehemaliger Häftlinge versehen. Ins Auge fallen sofort prominente Namen, die zumindest bei älteren Besucherinnen und Besuchern lebhafte Erinnerungen wachrufen dürften. Nur, dass man diese Namen hier nicht erwartet hätte:

Da ist zum Beispiel Friedrich Karl Kaul, ein Jurist mit jüdischen Wurzeln, dem die Nazis aufgrund seiner kommunistischen Gesinnung den Einstieg in den Anwaltsberuf verweigerten und 1935 ins KZ Lichtenburg sperrten. Später erlangte er im DDR-Fernsehen eine Art Kultstatus als Rechtsberater. Seine von 1972 bis zu seinem Tod 1981 monatlich ausgestrahlte Sendung *Fragen Sie Prof. Kaul* war eine der beliebtesten Ratgebersendungen im Arbeiter- und Bauernstaat. Dass Kaul – Typ korrekter, kahlköpfiger älterer Herr mit dunkler Brille – einst KZ-Häftling gewesen ist, dürfte vielen Fernsehzuschauern unbekannt gewesen sein.

Gleiches gilt für Lotti Huber, auf deren Zitat man im Foyer der Gedenkstätte ebenfalls stößt. Sie wurde am 31. März 1938 ins KZ Lichtenburg eingeliefert. Wegen sogenannter *Rassenschande*. Zuvor hatte sie mit ihrer Jugendliebe Hillert, dem Sohn des ehemaligen Kieler Oberbürgermeisters Emil Lueken, in Berlin gelebt. Weil sie Jüdin war, wurde der als *arisch* eingestufte Hillert Lueken 1938 von den Nationalsozialisten unter mysteriösen Umständen ermordet und Huber verhaftet.

Viel mehr noch als beim späteren Fernsehjuristen Kaul fällt es bei Lotti Huber aus heutiger Perspektive schwer, das spätere Bild dieser ungewöhnlichen, gemeinhin lebensfroh und unbeschwert wie unangepasst wirkenden Diva mit der Vorstellung von all dem Schrecklichen in Einklang zu bringen, was sie während des Nationalsozialismus erlebt hat.

◆ 3
Friedrich Karl Kaul über den nördlichen Schlosshof, der im KZ als Appellplatz diente: »Hier auf diesem Platze wurden wir erniedrigt, hier auf diesem Platze wurden wir unserer menschlichen Würde beraubt.«
Das Auspeitschen der Gefangenen fand sowohl im sogenannten Bunker, als auch vor allen anderen Inhaftierten auf dem Appellplatz statt. Immer unter Aufsicht vom zentralen Balkon (links der Bildmitte).
© Matthias Ritzmann

◆ 2
Lotti Huber im Gespräch mit Helmut Lotz, dem Verleger ihres Buchs *Diese Zitrone hat noch viel Saft! Ein Leben*.
© Moira Mücke

Auch mit der Tatsache, dass sie optisch irgendwie anders war als die Masse, fremdelte sie nicht. Leidenschaftlich machte sie immer wieder klar, so sein zu dürfen wie sie ist. Und wie es ihr – und sie sich – gefiel. Ihr Kleidungsstil war gleichermaßen exzentrisch wie kreativ. Nicht selten hingen wallende Gewänder in schrillen Farben an ihrem nur 1,50 Meter großen Körper herunter. Auf dem Kopf trug sie dazu meist kunstvoll drapierte turbanartige Wickeltücher, durch die sie ein bisschen größer wirkte, als sie war. Wer sie so sah, konnte feststellen: Diese kleine Person, die auf den ersten Blick wie eine überdrehte Alte, wie eine inszenierte Kunstfigur wirkte, sie war echt bis ins Mark! Ein Gesamtkunstwerk. Ob man sie so nahm, wie sie war, das war ihr zwar nicht gänzlich egal, aber letztlich konnte sie auch darauf pfeifen: »Akzeptier mich, und ich bin glücklich. Akzeptier mich nicht, and it is your problem, not mine!«, sagte sie einer Journalistin, von der sie 1992 anlässlich ihres 80. Geburtstags interviewt wurde.

Szenenwechsel. Ein Besuch in der Gedenkstätte KZ Lichtenburg in Prettin im Landkreis Wittenberg. Ein verstörender Ort. Auch wegen seiner über die Jahrhunderte extrem unterschiedlichen Nutzung: Das auf der weitläufigen Anlage befindliche Renaissanceschloss war einst als Witwensitz für die Kurfürstinnen von Sachsen errichtet worden. Rund 300 Jahre später stand auf dem Balkon, an dessen Stelle einst die Witwen ihren Blick in die Landschaft schweifen ließen, der Lagerdirektor des Frauen-Konzentrationslagers Lichtenburg, SS-Standartenführer Günther Tamaschke, und brüllte seinen Hass in die vor ihm angetretene Häftlingsmenge. Der Schlosshof war zum Appellplatz umfunktioniert worden. Was für eine irre Zweckentfremdung!

Ines Godazgar

# *Echt bis ins Mark: Lotti Huber*

SO KANNTE MAN SIE: Lotti Huber sitzt 1995 in der *Harald-Schmidt-Show*, klunkerbehangen, ziemlich stark geschminkt, im selbst entworfenen lilafarbenen Glanz-Kostüm, dazu silberne Schuhe, silberne Handtasche. Sie parliert wortgewandt und unterhaltsam, ist schnell, hellwach und nie um eine Antwort verlegen. Ihr markanter S-Fehler macht sie unverkennbar; mit ihren ausladenden Gesten erinnert sie auf der Bühne manchmal an eine Zauberin. Wenn sie ihre Anekdoten zum Besten gibt, wird es nie langweilig, selbst dann nicht, wenn sie, was sie gern tut, kurzzeitig abschweift, um einen thematisch nicht minder interessanten Nebenschauplatz aufzumachen. Betrachtet man diese Sendung retrospektiv, ahnt man, dass der Titel von Hubers 1990 erschienener Autobiografie, nicht von ungefähr gekommen sein kann: *Diese Zitrone hat noch viel Saft.*

Zurück zur *Harald-Schmidt-Show*: Huber berichtet dort von dem 12-jährigen Thomas, der ihr einen Brief schrieb: »Ich finde, Du bist eine tolle Frau«, zitiert sie daraus, um dann wenig später nicht ohne Selbstironie zu ergänzen: »Meine Mutter denkt allerdings, Du hast einen Schuss weg.« – Die Geschichte wird vom Studio-Publikum mit Lachern goutiert. Ihr Inhalt indes steht stellvertretend für die kontroversen Bewertungen, die Huber in unterschiedlichen Altersgruppen und Milieus auszulösen vermochte. Dabei dominierten allzuoft die Extreme. Man war Fan oder man war genervt von ihr, wobei das Spektrum bis zur offenen Ablehnung reichen konnte. Letzteres galt oft für ältere Menschen, die in ihr nicht selten jemanden sahen, der sich nicht seines Alters entsprechend betrug. Als Schmidt sie in seiner Show fragt: »Verrätst Du uns Dein Alter?« reagiert sie irritiert: »Verraten? Ich SAGE es. Ich bin 83. 1912 geboren.«

So war diese Lotti Huber, eine Frau wie eine Naturgewalt, und zwar im positiven Sinn, ein Ausbund an Vitalität und Lebensfreude und auf jeden Fall ihrer Zeit voraus. So wie sie öffentlich auftrat, war man es nicht gewohnt. Auch nicht, wie sie sich im Diskurs zu Themen äußerte, vor allem zu solchen, die allgemein schambesetzt oder anderweitig heikel waren, zumindest wenn man sich als Frau zu ihnen äußerte, die bereits die 80 überschritten hatte.

Lotti Huber scherte sich nicht darum. Überkommene Moralvorstellungen waren ihr fremd; das hatte sie vielleicht vielen Menschen, vor allem Frauen ihrer Altersgruppe, voraus und nicht nur denen. Und so plauderte sie offenherzig und gern über die Menschen im Allgemeinen, und oft über Kleidung, über Männer und über Sex und seine Spielarten im Speziellen.

◆ 1
Lotti Huber bei einem ihrer mitreißenden Bühnenauftritte in den neunziger Jahren.
© Fotoatelier Ute Boeters

LOTTI HUBER (1912–1998)

DIE ROMANZE ZWISCHEN DER TOCHTER DES JÜDISCHEN KAUFMANNS und dem Sohn des Oberbürgermeisters wurde natürlich Stadtgespräch. In den Äußerungen der Kieler schwang ein bisschen Lächeln mit, ein bisschen Antisemitismus, ein bisschen Neid, ein bisschen Skandal – eben alles ein bisschen.

Wir merkten zunächst noch nichts von den Nazi-Aktivitäten. Unglaublich, aber wir glaubten wie viele andere, dass dieser Irrsinn bald ein Ende haben würde.

Eines Morgens um fünf Uhr läutete es Sturm an unserer Wohnungstür. Zwei Gestapo-Beamte stürmten in die Wohnung und erwischten uns noch schlaftrunken im Bett liegend. Hillert kam in Untersuchungshaft, ich ins Konzentrationslager. Hillert wurde im Gefängnis von einem Wärter hinterrücks erschossen. Sein Tod wurde als Selbstmord getarnt, aber als seine Leiche seinen Eltern übergeben wurde, zeigte sie einen Genickschuss.

Zunächst kam ich in das Arbeitslager Moringen in Niedersachsen. Später wurden wir Jüdinnen in der Lichtenburg von den *Politischen* getrennt und mit anderem *Abschaum der Menschheit*, wie die Wärter sie nannten, zusammengelegt: Prostituierte, Diebinnen und später auch *Zigeunerinnen*\*. Es war eine faszinierende Mischung menschlichen Elends.

Unter anderem begegnete ich Elsa, einer Prostituierten aus der Berliner Friedrichstraße. Unter ihrem schwarzem Pagenkopf guckten mich die gutmütigsten Augen an. »Wat weenste denn, meine Kleene?« fragte sie mich und drückte mich an ihren großen Busen. »Wat haste denn verbrochen? Rassenschande? Wat is'n det? Diese Schweine, diese Kerle, ick kenn'se ...« – Elsa, liebe, gute Elsa! Später erfuhr ich, dass sie vergast worden ist. Ich werde sie nie vergessen.

Vergast wurden sie alle: Juden, *Zigeuner*\*, *Asoziale*, *Politische* und sogar Kinder. Und während des Krieges haben sie die jungen, schönen Jüdinnen in Soldatenbordelle gesteckt. Das war dann keine Rassenschande.

Im Konzentrationslager habe ich immer die Aufseherinnen beobachtet: Für sie gab es nur Schwarz und Weiß. Gut und Böse. Sie sind im KZ mit Leuten wie mir konfrontiert worden und hatten keine Ahnung, wer wir waren. Ihnen wurde von den Nazis eingebleut, die sind schlecht und böse, das sind die Untermenschen, und ihr seid gut und wunderbar, ihr seid die Götter der reinen deutschen Rasse. Das haben sie gefressen – und es lässt sich ja auch bequem leben, wenn man solche Prinzipien akzeptiert.

Eine junge Wärterin wählte mich aus, mit ihr zusammen die Esskübel über den Innenhof zu den Verlies-Gefangenen zu tragen. Es war schon ein großes Erlebnis, einfach so über den Hof zu gehen wie ein ganz normaler Mensch. In Gegenwart der anderen duzte diese Wärterin mich – wir wurden ja alle geduzt, eine Form der Degradierung –, aber wenn wir allein waren, siezte sie mich als Zeichen ihrer Achtung.

Wenn ich an die Zeit im Konzentrationslager denke, habe ich alles wieder vor Augen. Welche Absurdität, welcher Wahnsinn, welche abgrundtiefe menschliche Schlechtigkeit, die ja damals noch gar nicht ihren Höhepunkt erreicht hatte. Was der Mensch dem Menschen Grausames antun kann, kennt keine Grenzen.

\* *diskriminierende Fremdbezeichnung für Sinti und Roma*

**Zitate von Lotti Huber, zusammengestellt von Petra Reichenbach**

Zitiert wurde aus Lotti Hubers Büchern *Jede Zeit ist meine Zeit* und *Diese Zitrone hat noch viel Saft! Ein Leben.*

*Wir wurden ja alle geduzt, eine Form der Degradierung, aber wenn wir allein waren, siezte sie mich als Zeichen ihrer Achtung.*\*

\* aus HUBER, Lotti:
*Diese Zitrone hat noch viel Saft!
Ein Leben*, Edition día
St. Gallen/Berlin/Sao Paolo,
1990, S. 31f.

LAGER RAVENSBRÜCK  Ravensbrück, 28.9.39
b/ FÜRSTENBERG KREIS MECKLENBURG.

Mein geliebter Karli! – Nach langen, bangen Monaten hat man mir heute Deine 3 Briefe vom 21.IV., 20.VI. u. 24.VII. ausgehändigt. Ein Stein fiel mir vom Herzen, Dich gesund zu wissen. Und wie stolz bin ich auf Deinen ersten deutschen Brief, der keinen einzigen orthographischen u. nur wenige grammatikalische Fehler enthält.

Karli, weisst Du schon, dass ich vorige gut 2 Monate nicht im Lager, sondern in Berlin war? Diese Wochen musste ich in Einzelhaft verbringen u. noch viel intensiver als sonst, wanderten meine Gedanken zwischen Dir u. unserem geliebten Kindchen hin u. her. Das bisschen Hoffnung auf baldige Freiheit, das ich mir in Berlin zu schöpfen erlaubte, habe ich nun nach meiner Rückkehr ins Lager wieder begraben. Aber ich verstehe, dass unser aller Geschick nicht zu trennen ist vor allem von den Ereignissen der letzten Wochen. Es bleibt nur der Wunsch, dass dieser Krieg nicht allzu lange dauern möge. Hoffentlich hast Du jetzt wieder Zeitungen u. wirst ebenso wie wir die Veränderungen der europäischen Landkarte verfolgen können. Weisst Du, mein lieber Carlos, manchmal sage ich mir, dass damit zu rechnen ist, dass wir uns nie wiedersehen werden u. dies obwohl nicht nur das Herz dagegen protestiert. Es gibt einen treffenden Ausdruck, der sagt, dass man in den Riss der Zeit springen muss. Aber eines sollst Du immer wissen: Ich lasse den Mut nicht sinken u. das Gefühl der restlosen Zusammengehörigkeit mit Dir, gibt mir die Kraft dazu. Auf Deine Briefe einzugehen, fehlt mir heute der Platz. Aber sei versichert, ich laufe mit einem glücklichen Gesicht herum u. es scheint, dass sich meine Kameradinnen davon wieder Kraft u. Zuversicht holen. Zum Studium habe ich keine Zeit u. darf auch keine Bücher geschickt bekommen. Deine Ratschläge betreffs Arbeit u. Erholung machen mich traurig lächeln. – Aber ich habe eine Beschäftigung, die mir den Umständen entsprechend, zusagt u. glücklicherweise keine Zeit zum Nachdenken u. Grübeln lässt. Es ist viel leichter als das dauernde Alleinsein. – Bei Dir ist jetzt heisser Sommer, ach könntest Du mir ein paar warme Sommerstrahlen schicken! Wäre doch erst dieser Winter überstanden!

Karli, schreibe mir gleich wieder u. ebenso oft wie Du kannst. Im Geiste halte ich Deine Hände u. denke voll Liebe u. Zärtlichkeit immer an Dich. Es küsst Dich Deine

Olga

---

◆ 10 Links: Schreiben des Geheimen Staatspolizeiamtes (Gestapa) Berlin an den Direktor des Frauenkonzentrationslagers Lichtenburg vom 25. Februar 1938. RGASPI, Bestand 458, Findbuch 9, Akte 166, Bl. 16

◆ 11 Oben: Brief von Olga Benario aus dem KZ Ravensbrück an Carlos Prestes vom 28. September 1939. RGASPI, Bestand 458, Findbuch 9, Akte 170, Bl. 24

II A 1 - 1399/37 -

Berlin, den 25. Februar 1938.

NÜ 45550

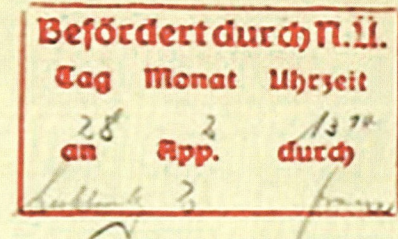

1) Fernschreiben

An den
Herrn Direktor des Frauenkonzentrationslagers Lichtenburg,

Prettin.

Bezug: Schreiben vom 21.2.38.
Betr.: Schutzhäftling Olga B e n a r i o - P r e s t e s.

Gegen den Briefwechsel der Olga Benario-Prestes mit ihrer angeblichen Schwiegermutter Leocadia Prestes in Paris bestehen hier keine Bedenken, soweit die Lagerordnung dies zuläßt. Ich bitte jedoch, auch mir diese Post zur Zensur zuzuleiten. Von hier aus wird sie alsdann weitergeleitet.

Ferner bitte ich der B e n a r i o zu eröffnen, daß die Übersendung von Lebensmittelpaketen seitens ihrer Verwandten nicht mehr zugelassen wird, da die Notwendigkeit hierfür nicht mehr besteht. Mit Rücksicht auf das bisherige Verhalten der Volljüdin B e n a r i o, die eine besonders hartnäckige und gerissene Kommunistin ist, besteht auch keine Veranlassung, ihr anderen Schutzhäftlingen gegenüber irgendwelche Vergünstigungen zu gewähren.

Gestapa Berlin
II A 1 - 1399/37 - Zimmer 314

2) Wv. bei II A 1.

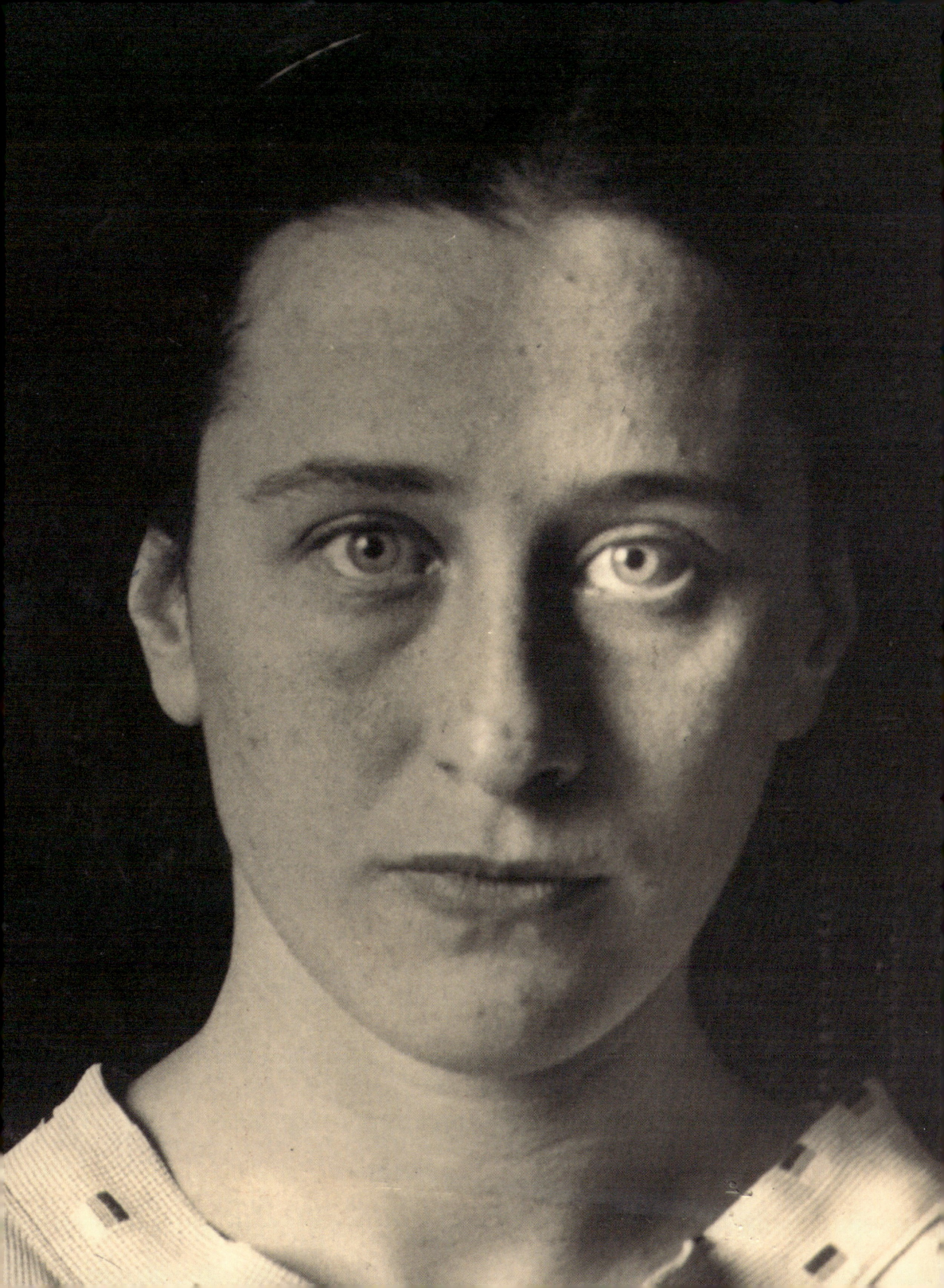

mann H. A. Brunner von der britischen *Field Investigation Section, War Crimes Group (NWE)* unter Eid zu Protokoll: Nach dem misslungenen Attentat auf Hitler im Münchner *Bürgerbräukeller* (am 8. November 1939) seien in Ravensbrück die jüdischen Häftlinge wochenlang im Zellblock 11 eingesperrt und von der Aufseherin Emma Zimmer[15] angeschrien und geschlagen worden. »Da wagte unsere Blockälteste Olga Benario Brestes [sic] die Zimmer zu ersuchen, diesen beinahe unerträglichen Zustand zu beenden. Die Zimmer schrie wie eine Verrückte und machte dem stellvertretenden Lagerdirektor Kögl [recte Koegel[16]] eine Meldung wegen Meuterei.«[17]

Von einer weiteren Aktivität Olga Benarios ist ein Artefakt erhalten. Die Vielgereiste vermittelt ihren Mitgefangenen Kenntnis der Welt. Zu diesem Zweck schneidet sie aus dem Naziblatt *Völkischer Beobachter* – der einzigen erlaubten Zeitung – kleine Landkarten aus und fügt sie zu einem mehrseitigen Atlas von der Größe einer Zigarettenpackung zusammen. Der kleine Atlas ist heute in der Mahn- und Gedenkstätte Ravensbrück zu sehen.

Am 1. September 1939 beginnt Nazideutschland seinen Krieg. Am 1. Juni 1941 marschiert die Wehrmacht auch in die Sowjetunion ein, und am 20. Januar 1942 beschließen die Nazis auf der Wannseekonferenz die für die Vernichtung der Jüdinnen und Juden notwendige Organisation. Ende April 1942 wird Olga Benario im Rahmen der *Sonderaktion 14 f 13*[18] mit einem der ersten Transporte von Ravensbrück nach Bernburg gebracht, etwa hundertfünfzig Kilometer südwestlich von Berlin, und in der zu diesem Zweck erstellten, wenige Quadratmeter großen Gaskammer der Landes-Heil- und Pflegeanstalt getötet.

## Fakten und Mythen

Olga Benario beginnt zu einem Mythos zu werden. In der DDR erscheinen schon bald nach Kriegsende kurze Darstellungen ihres Lebens und Schicksals von Anna Seghers und Stephan Hermlin[19]. Es folgen die Romanbiografien *Der Ritter der Hoffnung* von Jorge Amado (1952) und *Olga Benario. Die Geschichte eines tapferen Lebens* von Ruth Werner (1962). Straßen, Plätze und Schulen werden nach ihr benannt. In der vereinigten Bundesrepublik setzt das Interesse erst 1989 mit dem Erscheinen von Fernando Morais' Monographie ein. 1994 folgt das Theaterstück *Olgas Raum* von Dea Loher, 2004 der Film *Olga Benario – Ein Leben für die Revolution* von Galip Iyitanır, und 2009 mein Roman *Exil der frechen Frauen*. 2013 wird der Gefängnisbriefwechsel veröffentlicht und 2016 das Gestapodossier. Seit 2020 veranstaltet das aus zwei Schauspielerinnen und einem Schauspieler bestehende *Olga Benario Projekt* Lesungen aus den Briefen und Gestapoakten, die auch als Hörbuch erschienen sind. Ende Dezember 2022 wird in Berlin das Musiktheater *Ich heb' dir die Welt aus den Angeln* über Olga Benario aufgeführt.

Der Mythos ist eine Weise, ein Leben zu überhöhen und zu feiern. Die Fakten dagegen sagen, was war. Die Grenze zwischen beiden ist nicht immer deutlich. Fakten und Mythen zusammen ergeben unser Bild von Olga Benario. Es bleibt Gegenstand von Recherche und Diskussion.

---

**15** *Emma Zimmer (1888-1948) war seit 1937 Aufseherin im KZ Lichtenburg. Im Zuge der Auflösung wurde sie in das KZ Ravensbrück versetzt, wo sie von Mitte 1940 bis Oktober 1942 als stellvertretende Oberaufseherin, im Frühjahr 1942 als Oberaufseherin wirkte. Ab Oktober 1942 wurde sie im Frauenblock des KZ Auschwitz-Birkenau eingesetzt. Im sechsten britischen Ravensbrück-Prozess wurde Zimmer im Juli 1948 zum Tode verurteilt und am 28. September 1948 hingerichtet.*

**16** *Max Koegel (1895-1946) trat im Mai 1932 der NSDAP und im Juni 1932 der SS bei. Seit dem Frühjahr 1933 war er im KZ Dachau tätig, später als Adjutant im Kommandanturstab des Berliner KZ Columbia. Von dort kehrte er in gleicher Funktion nach Dachau zurück. 1938-39 war Koegel stellvertretender Lagerdirektor der Frauenkonzentrationslager Lichtenburg und Ravensbrück. Von 1940 bis 1945 befehligte er die KZ Ravensbrück, Majdanek und Flossenbürg. Von Angehörigen der US-Armee in Bayern verhaftet, nahm er sich im Juni 1946 in amerikanischem Gewahrsam das Leben.*

**17** *Vgl.* HIRSCHKRON, *Ida, in: The National Archives of the United Kingdom, Dokument WO 309/1153, S. 74–76, hier S. 74.*

**18** *Unter der Bezeichnung ›Sonderaktion 14 f 13‹ wurden ab 1941 nicht mehr arbeitsfähige sowie aus ›rassischen‹ oder religiösen Gründen verfolgte Häftlinge aus Konzentrationslagern in die Euthanasie-Anstalten Bernburg, Sonnenstein/Pirna und Hartheim (Österreich) deportiert und ermordet.*

**19** *Vgl.* SEGHERS: *Olga Benario-Prestes* [1951], *in: dies.: Über Kunstwerk und Wirklichkeit, Bd. III, hrsg. von der Deutschen Akademie der Wissenschaften zu Berlin. Bearbeitet und eingeleitet von Sigrid Bock, Berlin 1971, S. 158-61; sowie* HERMLIN: *Die erste Reihe* [1951]. *Olga Benario, in: ders.: Erzählende Prosa. Berlin 1990, S. 46-50.*

◆ 9
Olga Benario Prestes in Brasilien, 1936. Foto aus der portugiesischen Boulevardzeitung *Correio da Manhã*, Nationalarchiv Brasilien, Inventarnr. BR_RJANRIO_PH_0_FOT_39357_020

Barnimstraße 10 in Berlin eingeliefert. Sie befindet sich in *Schutzhaft*, Nazicode für unbegrenzte Haft, für die es keine legale Begründung braucht.

Carlos Prestes wird die nächsten neun Jahre in Rio in Einzelhaft verbringen.

## Gefängnis- und KZ-Jahre

Bis zu Olga Benarios Tötung dauert es noch mehr als fünf Jahre. Kurz nach ihrer Einlieferung bringt sie am 27. November 1936 eine Tochter zur Welt, Anita Leocádia. Vierzehn Monate später, am 21. Januar 1938, wird ihr das Kind weggenommen und der extra dafür angereisten brasilianischen Schwiegermutter Dona Leocádia Prestes und deren jüngster Tochter Lygia übergeben, die mit ihm nach Paris reisen. Im Oktober 1938, als auch Frankreich immer weniger sicher scheint, schiffen Leocádia und Lygia sich mit dem Kind nach Mexiko ein.

Am 15. Februar 1938 wird Olga Benario ins Frauen-KZ Lichtenburg in Prettin eingeliefert, hundert Kilometer südlich von Berlin[14]. Damit schwindet das Interesse der Gestapo an dieser Gefangenen. Anfang Mai 1938 wird der Kommandant der Lichtenburg angewiesen, die ihr wegen des Kindes gewährten kleinen Privilegien aufzuheben. Die Nachricht von der Änderung ihrer Behandlung verbreitet sich bald außerhalb Deutschlands und löst eine Flut von Protestschreiben von Organisationen und Einzelpersonen aus. Sie sind alle direkt an Himmler gerichtet und haben fast den gleichen Inhalt (GD 166/41, 166/39, 166/40 usw.).

In der zweiten Oktoberhälfte, nach acht Monaten im KZ Lichtenburg, erhält Olga Benario eine Postkarte, worin Leocádia knapp mitteilt, sie und Lygia hätten mit der kleinen Anita Frankreich verlassen und würden sich mehrere Wochen nicht mehr melden (GD 169/127). Ein Monat später eine auf den 16. November 1938 datierte Nachricht aus Mexiko. Da Paris zu wenig sicher schien, haben Leocádia und Lygia mit dem Kind den Atlantik überquert und sich in Mexiko Stadt niedergelassen (GD 169/146). Olga Benarios Gesundheitszustand verschlechtert sich. In einem von der Zensur zurückgehaltenen Brief findet sich, von der Gestapo unterstrichen, der Satz: »Leider fangen meine Zähne an zu brechen und im Moment habe ich Erfrierungen an den Händen, die nicht heilen werden.« (GD 169/203)

Fünfzehn Monate verbringt Olga Benario in der Lichtenburg, als Mitte Mai 1939 das Frauen-KZ aufgelöst wird. Mit allen anderen Häftlingen wird sie ins neu errichtete Frauenkonzentrationslager Ravensbrück bei Fürstenberg verbracht, achtzig Kilometer nördlich von Berlin. Von Ende August bis Anfang Oktober 1939 ist sie nochmals in Berlin zur *Vernehmung* durch die Gestapo. Zurück in Ravensbrück wird sie nicht mehr in der Gefangenenbaracke für politische Häftlinge untergebracht, sondern im *Block* der Jüdinnen, die auf der Skala der Nazis noch unter den Kommunistinnen rangieren (nur etwa zehn Prozent der Frauen von Ravensbrück waren Jüdinnen). Im November ist sie *Stubenälteste* – der Begriff *Stube* verweist auf einen behaglichen Wohnraum –, später *Blockälteste*, die einzige jüdische Gefangene in dieser Position in der Geschichte Ravensbrücks.

Zu ihrer Zeit in Ravensbrück gibt es nur wenige Zeuginnen. Wer gleichzeitig mit ihr dort ist, hat in der Regel nicht überlebt, wer überlebt, ist nach ihr eingeliefert worden. Dennoch ist erwiesen, dass sie sich für ihre Mithäftlinge eingesetzt hat, etwa in den Aussagen der Österreicherin Ida Hirschkron, die im September 1941 aufgrund eines *Irrtums*, wie sie sagt, aus Ravensbrück entlassen wird. Am 3. November 1947 gibt sie in Wien vor Haupt-

**14** *Das KZ Lichtenburg inmitten der Kleinstadt Prettin wurde 1933 für männliche Gefangene eröffnet. Nach dessen Auflösung im August 1937 diente die Lichtenburg vom Dezember 1937 bis Mai 1939 als zentrales Frauen-KZ, von September 1941 bis April 1945 als Außenlager des KZ Sachsenhausen.*

Olgas enge Freundin. Die Folter von einer Grausamkeit, die unausdenkbar ist. Arthur Ewert verliert davon den Verstand. Nach dem Krieg hat man ihn in die DDR zurückgeholt und in ein Sanatorium verbracht, er stirbt 1959[12]. Sabo wird zusammen mit Olga Benario nach Deutschland ausgeliefert, kommt in dieselben Gefängnisse und Konzentrationslager und stirbt 1939 in Ravensbrück. In der Gestapo-Akte zu Olga Benario ist sie vielfach erwähnt.

**12** *Zu Ewert, vgl.* HORNSTEIN, *David P.: Arthur Ewert. A Life for the Comintern, New York / London 1993.*

◆ **7**
Olga Benario wird von der brasilianischen Geheimpolizei zum Verhör geführt.
Rio de Janeiro, 1936
https://commons.wikimedia.org/wiki/File:OlgaPolícia.jpg [07.07.2023]

◆ **8**
Prestes während eines Verhörs im Präsidium der Sonderpolizei, März 1936.
http://memorialdademocracia.com.br/card/luis-carlos-prestes-e-sua-mulher-sao-presos luis-carlos-prestes-e-sua-mulher-sao-presos [07.07.2023]

**13** *Vgl.* COHEN, *Robert (Hg.): Die Unbeugsamen. Olga Benario – Luiz Carlos Prestes: Briefwechsel aus Gefängnis und KZ, Göttingen 2013.*

Olga Benario und Carlos Prestes entkommen Vargas' Fahndern in die nördliche Arbeitervorstadt Méier. Am 5. März 1936 werden auch sie verhaftet. Die Polizei hat den Auftrag, Prestes niederzuschießen. Olga Benario, die Leibwächterin, soll sich mit schwangerem Leib vor ihn gestellt und dadurch die Tötung verhindert haben.

Sie haben sich danach nicht wiedergesehen.

Vom Kennenlernen bis zur Verhaftung sind ein Jahr, drei Monate und zweiundzwanzig Tage vergangen. Eine kurze Zeit, wird man sagen. Aber was wäre eine angemessene Zeitspanne für eine Liebe? Die Bedeutung einer Beziehung bemisst sich nicht nach ihrer Dauer. Wollen wir etwas über die Liebe zweier Menschen wissen, so sollten wir nicht fragen, was die Menschen aus der Liebe machen, sondern was die Liebe aus den Menschen macht. Was sie aus Olga Benario und Carlos Prestes gemacht hat, ist in ihren Gefängnisbriefen nachzulesen[13].

Ende August beschließt die brasilianische Regierung, die Jüdin und Kommunistin Olga Benario an Nazideutschland auszuliefern. Das widerspricht der brasilianischen Verfassung, wonach Frauen das Recht haben, mit brasilianischen Ehemännern gezeugte Kinder in Brasilien zur Welt zu bringen. Waren Olga Benario und Carlos Prestes verheiratet? Die Frage ist naiv angesichts der Bedingungen der Illegalität. Dennoch haben die Nazis gegenüber den brasilianischen Behörden auf dem Beibringen eines Heiratsscheins beharrt. Ende September 1936 verschleppt man die im siebten Monat Schwangere gemeinsam mit Sabo auf den im Hafen von Rio ankernden deutschen Frachter *La Coruña*. Am 18. Oktober erreicht *La Coruña* Hamburg. Wenig später wird Olga Benario im Frauengefängnis in der

## Die Zeit der Gemeinsamkeit

Im Jahr 1934 und unter den Bedingungen der Konspiration dauert die Reise von Moskau nach Rio mehrere Monate. Sie beginnt für Carlos Prestes und Olga Benario in den letzten Dezembertagen mit einer sechshundertfünfzig Kilometer langen Eisenbahnfahrt nach Leningrad. Weiterfahrt nach Helsinki, von dort mit der Fähre nach Stockholm. Mit der Eisenbahn nach Kopenhagen, dann im Schiff durch Kattegat und Skagerrak in die Nordsee. Statt nach Amsterdam oder Le Havre führt die Reise nach Bristol, Umwege sind sicherer. Mit einem anderen Schiff weiter nach Amsterdam, von dort mit dem Zug nach Paris. Hier warten sie wochenlang auf (gefälschte) Papiere. Es ist bereits März, als sie aus der Zeitung erfahren, in Brasilien habe die Opposition sich zur Aliança Nacional Libertadora (ANL) vereinigt, mit dem Ziel, die Regierung Vargas zu stürzen. Da ist es mit dem Warten vorbei. In Brest schiffen sie sich auf der SS Paris nach New York ein, die zweitausend Kilometer von New York bis Miami legen sie mit der Bahn zurück, zwei Tage und eine Nacht im Schlafwagen. Dann vielleicht, vielleicht schon früher, vielleicht auch später, werden sie sich nähergekommen sein. Selbst wenn das zum Berufsbild von Geheimagenten und Spionen gehört: Irgendwann war es nicht mehr die übliche Beziehung. Von Miami bis Panama im zweimotorigen Propellerflugzeug, dann der südamerikanischen Westküste entlang viertausendachthundert Kilometer bis Santiago de Chile, ein Flug von mehreren Tagen, die Nächte verbringen sie im Hotel. In einem zweimotorigen DC 2 Passagierflugzeug über den Aconcaguapass nach Argentinien. Von Buenos Aires mit der Fähre über den Rio de la Plata nach Montevideo. Von dort mit einem Flugboot die Ostküste entlang Richtung Norden. Nach wenigen Stunden ist die Grenze zu Brasilien erreicht, nach weiteren Umwegen kommen sie Ende April 1935 in Rio an.

Die nächsten Wochen und Monate vergehen mit konspirativen Treffen, mit Kontaktnahmen zur Widerstandsbewegung, zur illegalen kommunistischen Partei und zu oppositionellen Militärs, Prestes' ehemaligen Kameraden. Pläne werden ausgearbeitet, ein Zeitrahmen festgelegt. Im November wird Prestes Mitglied der brasilianischen KP.

Am 23. November 1935 bricht im zweitausend Kilometer von Rio entfernten Natal, am nordöstlichsten Punkt Brasiliens, der Aufstand aus. Zu früh, wie Prestes und die Mitverschwörer sofort feststellen; die Stimmung in der Bevölkerung ist noch nicht reif. Es bleibt ihnen nichts übrig, als den Aufstand zu unterstützen. Nach wenigen Tagen ist alles vorbei. Es gibt viele Tote; Tausende, darunter fast alle Mitglieder des kleinen Verschwörerkollektivs, werden verhaftet, viele gefoltert, die Widerstandsbewegung wird zerschlagen. Unter den Gefolterten die deutschen Kominternagenten Arthur Ewert und seine Frau Sabo,

◆ 6
Olga Benario und Luiz Carlos Prestes in Brasilien. Bildmontage für das Buchcover des Wallstein Verlages, Göttingen, 2013, © SG Konzept & Design, Düsseldorf

An der Militärakademie in Rio de Janeiro betreibt Prestes neben der militärischen Ausbildung ein Ingenieurstudium. Er arbeitet beim Bau von Eisenbahnlinien und Militärunterkünften, es ist der Beginn einer vielversprechenden militärischen Laufbahn. Sie stößt bald an Grenzen. Die höheren Dienstgrade und Posten werden mit Sprösslingen der Oligarchie besetzt, seit jeher. Im Herbst 1924 erreicht die Unzufriedenheit der niederen Offiziersgrade eine neue Qualität. Mehrere Militäreinheiten erheben sich, eine davon schlägt in der südwestlichen Ecke Brasiliens, an der Grenze zu Paraguay, eine vielfach überlegene Armeeeinheit. Weitere Militäreinheiten schließen sich den Aufständischen an. Tausendfünfhundert Mann sind es schließlich, die sich unter der Führung des jungen Leutnants Luiz Carlos Prestes auf einen Marsch durch den riesigen Nordosten des Landes begeben, um die verarmte Bevölkerung im Landesinnern für einen Aufstand gegen die Oligarchie zu gewinnen. Es wird ein Marsch ohne Ende. Mehr als zwei Jahre später, mehr als fünfundzwanzigtausend Kilometer später, nach kaum vorstellbaren Strapazen, unablässig verfolgt von regimetreuen Truppen, denen die Hälfte der Kolonne zum Opfer fällt, nach der endlichen Einsicht, dass das Regime auf diese Weise nicht zu besiegen ist, nach der Erkenntnis aber auch, einen Widerstandsmythos geschaffen zu haben, der die *Unbesiegbare Kolonne* – dieser Name hat sich erhalten – überdauern wird, überschreiten die Überlebenden am 3. Februar 1927 die Grenze nach Bolivien.

Im bolivianischen Exil beginnt der kleinbürgerliche Rebell Prestes mit dem Studium der Schriften von Karl Marx. Ein Jahr später ist er in Buenos Aires im Exil, die Mutter und die vier Schwestern folgen ihm. Er arbeitet als Ingenieur und knüpft Kontakte zu Kommunisten. In Brasilien ist inzwischen durch einen Putsch Getúlio Vargas[11] an die Macht gekommen. Er bietet dem in der Bevölkerung als *Ritter der Hoffnung* (Cavaleiro da Esperança) bewunderten Rebellenoffizier Prestes den Rang eines Oberbefehlshabers der Streitkräfte an. Als Prestes ablehnt, wird er als Deserteur zur Verhaftung ausgeschrieben. Aus Argentinien ausgewiesen, von der Sowjetunion eingeladen, schifft er sich Ende 1931 mit der Familie nach Moskau ein. In der Hauptstadt der Sowjetunion arbeitet er als Ingenieur, die Schwestern nehmen Hochschulstudien auf.

Die Kommunistische Internationale, auf der Suche nach Verbündeten gegen die in Deutschland und Italien an die Macht gekommenen Faschisten, richtet im Jahr 1934 ihr Interesse auch auf Brasilien. Im größten Land Südamerikas nimmt sie einen sich formierenden Widerstand gegen die Diktatur des Mussolinibewunderers Vargas wahr. Der richtige Mann, um diesem Widerstand eine organisatorische Form zu geben, befindet sich ausgerechnet in Moskau. Im August wird Prestes Mitglied der russischen Kommunistischen Partei. Mit einem kleinen Kollektiv erfahrener Berufsrevolutionäre soll er illegal nach Brasilien reisen und sich an die Spitze des Volksaufstands stellen. Zur besseren Tarnung werden die Verschwörer von ihren Frauen begleitet, ihrerseits erfahrene Revolutionärinnen. Prestes braucht eine Ehefrau. Von faschistischen Geheimdiensten und von Vargas' Polizei bedroht, braucht er auf der langen Anreise und während des illegalen Aufenthalts in Brasilien aber auch eine Leibwächterin. So wird ihm im November 1934 am Sitz der Komintern Olga Benario vorgestellt.

**11** *Gétulio Vargas (1882–1954) war von 1930–1945 sowie von 1950–1954 Präsident Brasiliens. Während seiner ersten Amtszeit regierte er autokratisch und in ideologischer Nähe zum Faschismus.*

◆ 5
Das Ehepaar Antônio und Maria Vilar: Luiz Carlos Prestes und Olga Benario, auf den Fotos ihrer portugiesischen Pässe, mit denen sie nach Brasilien reisten.
http://memorialdademocracia.com.br/card/luis-carlos-prestes-e-sua-mulher-sao-presos [07.07.2023]

Anfang Juli erreichen die beiden Flüchtlinge Moskau. Im September leitet Olga Benario bereits die Abschlussveranstaltung des fünften Weltkongresses der Kommunistischen Jugendinternationale, sie wird ins Zentralkomitee gewählt. 1929 (oder 1930) erhält sie in Borissoglebsk, fünfhundert Kilometer südöstlich von Moskau, eine zehn Wochen dauernde militärische Ausbildung. Im Frühjahr 1930 reist sie im Auftrag der Komintern nach Frankreich und England, wo sie verhaftet und nach Moskau abgeschoben worden sein soll. 1931 trennt sie sich von Otto Braun. Es mehren sich Ungewissheiten und Lücken in ihrem Lebenslauf, das entspricht dem Wesen konspirativer Tätigkeit. Von der Komintern (Kommunistische Internationale – Dachverband der kommunistischen Parteien) dafür ausgewählt, nimmt sie an einem Fallschirmspringer- und Fliegerkurs an der Luftwaffenakademie Schukowski in der Nähe von Moskau teil. Sie kann alles, was angeblich nur harte Männer können: mit Waffen umgehen, Fallschirmspringen, ein Flugzeug pilotieren, körperliche Leiden ertragen, sie hat Mut, sie ist verwegen, unerschrocken usw. Das Bild einer heroischen Superfrau lässt sich kaum mehr steigern. Wie es vermeiden, da es doch stimmt? Und wie es in Verbindung bringen mit jener jungen Mutter, die in Nazigefängnissen und Konzentrationslagern jahrelang machtlos auf den Tod zu warten hat?

◆ 4
Nach der Befreiung Otto Brauns wurden beide steckbrieflich gesucht.
Galerie Olga Benario, Berlin

Im November 1934 – inzwischen ist ihr Vater gestorben und Hitler an der Macht – wird Olga Benario in Moskau an den Sitz der Komintern gerufen. Man stellt ihr einen schmächtigen, unscheinbaren Mann im korrekt sitzenden Anzug vor, Typ des anonymen Funktionärs, einen Kopf kleiner als sie. Das soll der brasilianische Haudegen Luiz Carlos Prestes sein, von dessen Gewaltmarsch durch das brasilianische Hinterland, zehn Jahre zuvor, und von dessen Anwesenheit in Moskau sie aus den Zeitungen erfahren hat?

Olga Benarios Schicksal ist nicht zu verstehen ohne Kenntnis der Biografie ihres brasilianischen Lebenspartners. In den 1920er und 1930er Jahren war er weit über Brasilien hinaus bekannt, er gehört zu den prägenden Figuren des brasilianischen 20. Jahrhunderts, in der Bevölkerung lebt er als mythische Figur fort.

## Luiz Carlos Prestes[10]

Carlos Prestes – Olga Benario nennt ihn in ihren Briefen oft *Karli* – kommt am 3. Januar 1898 in Porto Alegre zur Welt, der Hauptstadt des südlichsten brasilianischen Gliedstaats Rio Grande do Sul. Nacheinander werden vier Schwestern geboren. Der Vater stirbt früh, so wächst er in einem Haus mit fünf Frauen auf. Die Mutter, Leocádia Prestes, ist Schullehrerin, das Lehren und Lernen wird auch zu Hause betrieben, für die Mädchen ebenso wie für den Jungen. Auch die Arbeit im Haushalt wird unter allen fünf Kindern aufgeteilt. Carlos Prestes wächst auf mit Hochachtung vor der Mutter und Achtung vor den Schwestern. Er versteht schon früh Frauen – und auch wieder nicht. Ist es Scheu, ist es die spartanische Lebensweise des Militärs, ist es sein Charakter eines Asketen? Er wird mehr als fünfunddreißig Jahre alt werden, bevor er zum ersten Mal eine Beziehung zu einer Frau hat: zu Olga Benario.

10 *Meine Darstellung folgt neben* MORAIS *auch* PRESTES, Anita: *Luiz Carlos Prestes. Um Comunista Brasileiro,* São Paulo 2015.

7 *Das Gestapo-Dossier (abgekürzt GD) zu Olga Benario findet sich im Internet unter der Bezeichnung Deutsch-russisches Projekt zur Digitalisierung deutscher Dokumente in Archiven der russischen Föderation, Bestand 458, Findbuch 9, Akte 163-170: https://rgaspi-458-9.germandocsinrussia.org/de/nodes/1-dokumentensammlung- (abgerufen im Februar 2023). Hier zitiert als (GD Aktennr./ Blattnr.).*

kompromittiert. Nun also dieser Ehemann, der aus der konservativen Zunft der Rechtsanwälte ausschert. Bei Eugenie Benario-Guttmann führt das zu einem Bann gegen alles Linke, der am Ende selbst die sich im Gewahrsam der Gestapo befindende Tochter und die Enkeltochter trifft. Aber auch wenn Eugenie Benario sich von ihrem Judentum und von allem Linken distanziert, dem Schicksal der Tochter wird sie nicht entgehen. Nicht nur von Herzlosigkeit wäre zu reden, sondern auch von der Heillosigkeit der Zeit.

Auf Olga haben die Berichte Dr. Leo Benarios über die Weimarer Klassenjustiz eine sehr andere Wirkung. Im Alter von fünfzehn Jahren schließt sie sich dem illegalen Kommunistischen Jugendverband an, wenig später ist sie Funktionärin. Am 20. April 1925 tritt die Siebzehnjährige aus der jüdischen Religionsgemeinschaft aus (GD 124/463)[7], ab Mai

◆ 2
*Olga Benario als Mitglied der kommunistischen Jugendgruppe Schwabing.* https://upload.wikimedia.org/wikipedia/commons/4/43/Olga_benario_2.jpg?uselang=de [07.07.2023]

◆ 3
*Olga Benario 1926/27 mit der Kommunistischen Jugend Neukölln (letzte Reihe, 4. von links).* https://commons.wikimedia.org/wiki/File:Bundesarchiv_Bild_183-P0220-309,_Berlin-Neuk%C3%B6lln,_KJV-Gruppe,_Olga_Benario-Prestes.jpg [07.07.2023]

8 *Vgl.* COHEN: *Der Vorgang Benario, S. 68, 111, 119.*

9 *Vgl. die Abbildung bei* MORAIS, *o. S.*

lebt sie im Stadtbezirk Neukölln in Berlin mit dem acht Jahre älteren Otto Braun zusammen, der für den sowjetischen Geheimdienst arbeitet. Sie wird Mitglied der Bezirksleitung der Kommunistischen Jugend Neukölln, ein Jahr später der Bezirksleitung von ganz Berlin. Braun verschafft ihr eine Stelle als Stenotypistin in der sowjetischen Handelsvertretung, da kommt sie mit dem sowjetischen Geheimdienst in Berührung. Sie ist achtzehn, als ihre Laufbahn eine jähe Unterbrechung erfährt. Am 2. Oktober 1926 wird sie verhaftet, sie soll mit ihrer politischen Tätigkeit die Republik gefährdet haben. Zwei Monate später ist sie wieder frei: ihre Inhaftierung war ein Vorwand, das Interesse der Justiz gilt Otto Braun, der zusammen mit ihr festgenommen wurde.

Zwei Jahre später, man schreibt den 11. April 1928, die spektakuläre Aktion: Mit der Pistole in der Hand befreit die inzwischen Zwanzigjährige, gemeinsam mit Genossinnen und Genossen aus der Jugendgruppe, Otto Braun aus der Justizvollzugsanstalt Moabit. Die Gestapoakten enthalten widersprüchliche Informationen über ihren Anteil an Brauns Befreiung[8]. Die Polizei will sich von einer frechen jungen Frau nicht an der Nase herumführen lassen. Fotos der beiden Untergetauchten auf Litfaßsäulen und Kinoleinwänden. Der Oberreichsanwalt setzt für ihre Ergreifung eine Belohnung von 5.000 Reichsmark aus[9]. Sie haben Olga Benario damals nicht erwischt.

Robert Cohen

# *Warum gerade Olga Benario?*

WARUM GERADE SIE? Warum gerade Olga Benario unter den sechs Millionen jüdischen Opfern des Holocaust? Warum gerade sie unter all den weiblichen Opfern? Unter all den kommunistischen Opfern? Die Fragen verweisen auf die sich überlagernden Identitäten Olga Benarios und auf die Unmöglichkeit, ihr Schicksal einer einzelnen ihrer Identitäten zuzuschreiben. In den Akten der Gestapo ist von ihr und ihrer (nichtjüdischen) Leidensgefährtin Sabo Ewert[1] zunächst als *gefährliche Kommunistinnen*[2], *verstockte Kommunistinnen*[3] oder *fanatische Kommunistinnen*[4] die Rede. Im Verlauf der jahrelangen Haft wird Olga Benario zunehmend als *Jüdin* bezeichnet, als *Volljüdin*, schließlich wird ihr der bei den Nazis als jüdisch geltende Vorname *Sara* aufgezwungen[5]. Was spielt es da für eine Rolle, dass sie längst aus der jüdischen Glaubensgemeinschaft ausgetreten war. Wieso existiert gerade von ihr eine zweitausend Blatt umfassende Gestapo-Akte – das vermutlich umfangreichste Dossier zu einem einzelnen Opfer des Holocaust? Die Antwort, soweit sie möglich ist, kann nur im Einmaligen dieses Lebens liegen, dessen Ende es mit all den namenlos gebliebenen Opfern verbindet und vereint.

## Olga Benario[6]

12. Februar 1908 lautet das Geburtsdatum, der Geburtsort ist München, Haydnstraße 12, in Deutschland regiert Kaiser Wilhelm II. Die jüdische deutsche Familie Benario besteht aus dem Vater Dr. Leo Benario, einem Rechtsanwalt, der Mutter Eugenie, geborene Guttmann, und dem sieben Jahre älteren Bruder Otto. Eugenie Benario wird 1943 in Theresienstadt getötet werden, der Bruder 1944 in Auschwitz. Olga wächst in der Jakob-Klar-Straße 1 auf, besucht die Höhere Mädchenschule in der Luisenstraße, das heutige Luisengymnasium. Was immer sie dort lernen mag, das eigentliche, das folgenreiche Lernen findet im Elternhaus statt. Der Vater, Sozialdemokrat, verteidigt vor Gericht Bedürftige, Proletarier und Arbeitslose. Die Fälle werden auch in der Jakob-Klar-Straße verhandelt, mit entgegengesetzten Wirkungen auf Mutter und Tochter. Eugenie Benarios gesellschaftliches Ziel, von der Münchner High Society akzeptiert zu werden, ist schon durch ihre jüdische Herkunft

◆ 1
Erkennungsdienstliches Foto von Olga Benario. (Ausschnitt)
© Landesarchiv Berlin, A Rep. 358-01 Nr. 2644/1

[1] *Die Deutsche Elisabeth Saborowski (1886-1939), genannt Sabo, war die Ehefrau von Arthur Ewert, Mitglied des Reichstags und Vertreter der KPD in der Komintern. Sie arbeitete ebenfalls im Apparat der Komintern bzw. der KPD. 1936 wurde sie gemeinsam mit Olga Benario aus Brasilien an Nazideutschland ausgeliefert.*

[2] COHEN, Robert: *Der Vorgang Benario. Die Gestapo-Akte 1936-1942*, Berlin 2016, S. 36.

[3] *Ebd. S. 111.*

[4] *Ebd. S. 83.*

[5] *Ebd. S. 160.*

[6] *Meine Darstellung bezieht sich neben eigenen Recherchen vor allem auf die Monographie des brasilianischen Journalisten Fernando Morais: Olga. Das Leben einer mutigen Frau. Aus d. brasilianischen Portugiesisch von Sabine Müller-Nordhoff, 2. Aufl., Köln 1989.*

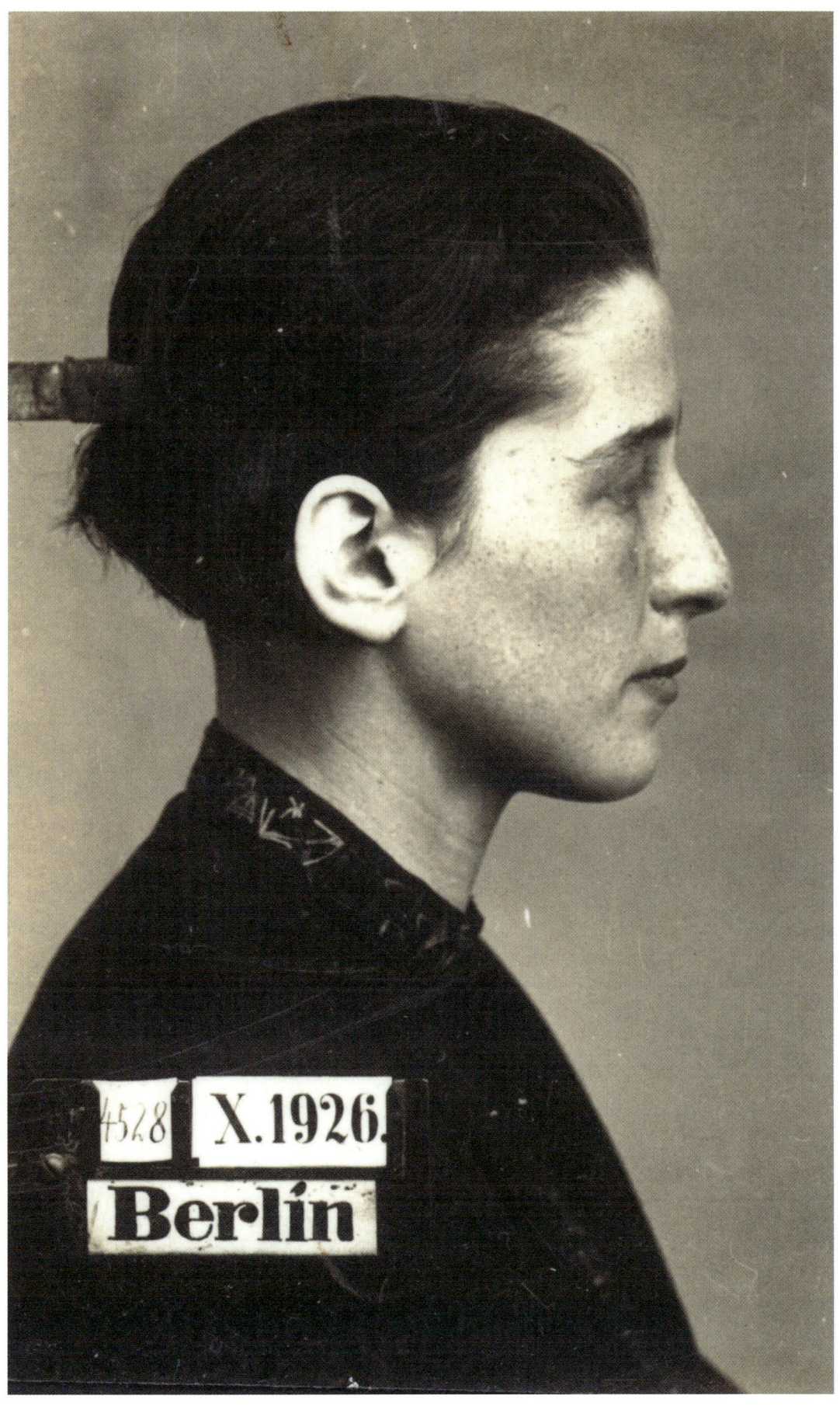

OLGA BENARIO (1908–1942)

ICH BIN IN MÜNCHEN ALS KIND JÜDISCHER ELTERN aufgewachsen und habe mich immer schon aufgeregt, wenn es ungerecht zuging. – Die Arbeitslosigkeit war überall in Deutschland gegenwärtig und viele Leute hungerten. Gegen die Ausbeutung in den Fabriken gingen wir auf die Straße, um zu protestieren.

Mit 26 erhielt ich von der Kommunistischen Internationale einen Auftrag, der meinem Leben eine neue Richtung gab: Ich sollte den bekannten brasilianischen Revolutionsführer Luiz Carlos Prestes aus dem Moskauer Exil in seine Heimat begleiten – getarnt als Ehepaar mit gefälschten Pässen. Eine Revolution sollte die Diktatur des faschistischen Präsidenten Vargas in Brasilien beenden und Prestes sollte ihr Anführer sein. Der Putsch ist misslungen. Statt des geplanten Generalstreiks gab es Massenverhaftungen. Auch wir landeten im Gefängnis. Jetzt kannten wir uns ein Jahr, drei Monate und zweiundzwanzig Tage und aus unserer falschen Ehe war eine echte Liebe geworden. Wir kamen in Einzelhaft – und haben uns nie wieder gesehen.

Ich wurde per Schiff nach Nazideutschland ausgeliefert. Dreißig Tage in einer dreckigen Zelle im Laderaum. Ich bangte ständig um mein ungeborenes Kind, denn ich war jetzt im siebten Monat schwanger. Vom Hamburger Hafen ging es direkt ins Gestapo-Hauptquartier nach Berlin. Im Frauengefängnis Barnimstraße kam unsere kleine Anita zur Welt.

Fast zwei Jahre nach der Verhaftung in Brasilien wurde ich in die Lichtenburg gebracht. Und zwar schnurstracks in den *Bunker*. Gleich mal mit der Strafverschärfung anfangen, hieß es: Einzelhaft in der verdunkelten Zelle mit dem sogenannten *Bett* aus Beton und dem sogenannten *Kopfkissen* aus Holz.

Draußen wurde die Verfolgung von Juden und Andersdenkenden immer extremer – so viele Gefangene konnte die Lichtenburg gar nicht mehr aufnehmen, aber die Nazis hatten schon vorgesorgt: Überall wurden jetzt neue Konzentrationslager als Barackenlager gebaut. Und so kamen wir im Mai 1939 ins KZ Ravensbrück. Wir dachten ja alle, »schlimmer kann es nicht werden«, aber die Strapazen dort übertrafen alles, was wir vorher erlebt hatten. Ich hab's noch im Ohr, wie wir von der Aufseherin begrüßt wurden: »Jüdische Miststücke Block elf! Kommunistenschweine Block eins!«

Die SS versuchte, jüdische und politische Gefangene gegeneinander auszuspielen. Das machten sie, indem sie z. B. den *jüdischen Block* für etwas bestrafte, das im *politischen Block* begangen wurde. Jetzt war ich schon fünf Jahre in den Händen der Nazis, immer wieder dachte ich an Flucht – aber wie wäre dann die Strafe für die anderen ausgefallen?

Stattdessen versuchte ich, mit allen anderen Tag für Tag zu überleben und unsere Menschenwürde nicht zu verlieren. Wir konnten uns alle nicht vorstellen, dass die Grausamkeit der Nazis sich noch steigern ließ. Aber mir wurde bald klar, dass die Lastwagen, die im Lager vorfuhren, um eine *Ladung* Häftlinge abzuholen, weder ins Krankenhaus noch in ein Arbeitslager fuhren. Sie kamen zurück mit gebrauchter Häftlingskleidung, Schuhen und Brillen um die nächsten 80 Häftlinge in Empfang zu nehmen.

Unsere Fahrt im verdunkelten Lastwagen endete in Bernburg, unser Leben in einem 3 x 4 Meter großen gekachelten Raum.

**Olga Benario
in den Mund gelegt
von Petra Reichenbach**

Inspiriert u.a. von
Ruth Werners Roman
*Olga Benario.
Die Geschichte eines
tapferen Lebens*

33

*Wenn andere zum Verräter geworden sind. Ich werde es jedenfalls nicht.* \*

\* *Aus dem Gestapobericht vom 13.10.1937, Berlin, entnommen aus* COHEN, *Robert, Die Gestapoakte, S. 124.*

Birgit Pahlow und Cosima Schmidt ihre Redebeiträge. Dabei konnten sie ihre sprachlichen Fähigkeiten verbessern und ihr Selbstbewusstsein stärken. Durch die Möglichkeit, in die Rolle der Frauen zu schlüpfen und ihre Gedanken und Gefühle auszudrücken, wurde auch die Empathie der Schülerinnen gefördert. Die Filme sind integraler Bestandteil der Installation und können mit Hilfe von QR-Codes auf dem Smartphone abgerufen werden. Dies ermöglicht den Besucher:innen einen niedrigschwelligen Zugang zur Geschichte des Ortes und eine unmittelbare Verbindung zu den Zeitzeuginnen.

Höhepunkt aus Sicht der Schüler:innen war die szenische Lesung zur Eröffnung der Multimedia-Installation in der Lichtenburger Schlosskirche St. Anna. Extra für diesen Tag entwickelte die Gruppe unter Leitung von Cosima Schmidt und Georg Schneidmadel ein Stück mit dem Ziel, die vorgestellten Frauen in aller Kürze und doch sehr nahbar und tiefgründig vorzustellen. Dies geschah immer im Kontext der Schlossgeschichte und der weiblichen Perspektive auf den Ort. Auch hier waren die Anspannung und das Engagement für das Projekt bei den Schüler:innen deutlich spürbar. Mit viel Enthusiasmus schlüpften alle in ihre Rollen und waren auf das Schauspiel fokussiert.

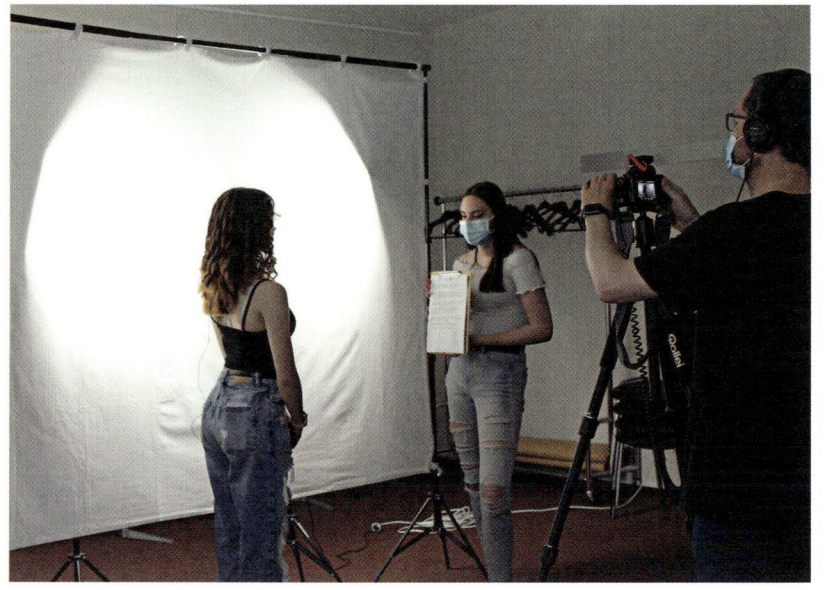

◆ 2
Im Seminarraum der KZ-Gedenkstätte fanden die Sprach- und Filmaufnahmen statt. Der Schauspieler und Medienpädagoge René Langner sorgte für eine professionelle Atmosphäre.
© Lisa Lindenau

Die pädagogische Arbeit im Projekt von Petra Reichenbach zeigt, wie wichtig es ist, junge Menschen für die Geschichte und die Kultur ihres Nahraums zu sensibilisieren und ihnen die Möglichkeit zu geben, aktiv an der Gestaltung von kulturellen Projekten mitzuwirken. Das Projekt *Starke Frauen in der Lichtenburg* illustriert nicht nur eindrucksvoll das Leben von ganz unterschiedlichen, mutigen Frauen in der Renaissance- und der NS-Zeit, sondern bietet auch eine einzigartige Möglichkeit der lokalen Geschichtsvermittlung. Dabei stand neben dem Erwerb von historischem Wissen auch die Verantwortung im Mittelpunkt, sich mit der Geschichte auseinanderzusetzen und dadurch eigene Vorstellungen für die Zukunft zu gestalten. Einen nachhaltigen Effekt gibt es auch in der weiteren pädagogischen Arbeit der Gedenkstätte. Die Biographiearbeit anhand der Installation bietet eine attraktive Formatvielfalt innerhalb des Projektages. Indem Gruppen die Installation besichtigen können, Zitate verschieben und die Filme aufrufen, entwickelt sich eine intensive Auseinandersetzung mit den Frauen und die Geschichte wird im wahrsten Sinne greifbar.

Insgesamt bot das Projekt eine beeindruckende Auseinandersetzung mit historischen Persönlichkeiten und eine innovative pädagogische Arbeit. Die Schüler:innen sind in die Geschichte eingetaucht, haben auf unterschiedlichen Ebenen Erfahrungen sammeln können und ein tief gehendes Verständnis für das Schloss Lichtenburg entwickelt.

◆ 3 (rechte Seite oben)
Auf dem Nordhof der Lichtenburg, dem ehemaligen Appellplatz des Frauen-Konzentrationslagers, übten die Lehrer:innen die Betonung der Texte mit den Jugendlichen ein. Die Schülerinnen waren hochmotiviert.
© Lisa Lindenau

◆ 4 (rechte Seite unten)
Schüler:innen des Gymnasiums Jessen präsentierten das Theaterstück *Starke Frauen im Gespräch*.
© Matthias Ritzmann

Lisa Lindenau

# Die partizipative Gestaltung der Multimedia-Installation »Starke Frauen in der Lichtenburg«

DIE PÄDAGOGISCHE ARBEIT im Rahmen von Petra Reichenbachs Multimediainstallation *Starke Frauen in der Lichtenburg* war ein wichtiger Bestandteil im Gesamtprojekt. Die enge und gute Zusammenarbeit zwischen der Gedenkstätte KZ Lichtenburg Prettin und dem Gymnasium Jessen besteht bereits über mehrere Jahre und ermöglichte es, gemeinsam mit der Künstlerin die Inhalte der Kunstinstallation zu entwickeln, die historische Bedeutung der 700-jährigen Schlossgeschichte und die Rolle der Frauen in der Lichtenburg zu bearbeiten. Erst durch die Einbindung der Schüler:innen wurde eine lebendige Vermittlung der Geschichte ermöglicht.

Von Beginn an sollten junge Menschen aktiv in die Gestaltung der Kunstinstallation eingebunden werden. In enger Kooperation mit dem Gymnasium Jessen, der Gedenkstätte KZ Lichtenburg Prettin und der Künstlerin selbst haben die Schüler:innen intensiv zu einigen der zehn Frauen geforscht, sich mit deren Lebensgeschichten auseinandergesetzt und eigene biographische Kurzvorstellungen erarbeitet, die schließlich in die Installation integriert wurden. Zur Vorbereitung auf diesen besonderen Themenkomplex wurden Erinnerungsberichte, Selbstzeugnisse und passende Literatur recherchiert und für die Arbeit mit den Schüler:innen altersgerecht aufbereitet.

◆1
Die Schüler:innen übernehmen das Casting für die zehn Frauenrollen.
© Ines Janet Engelmann

Ein großer Meilenstein im Projekt war das Einsprechen der selbst verfassten Texte vor der Kamera als Schattenriss. Mit großer Vorfreude, aber auch Ehrfurcht vor der Aufgabe, probten die Schülerinnen auf dem Hof und in den Ausstellungsräumen in kleinen Gruppen zusammen mit den Lehrkräften

1978 wurde die Mahn- und Gedenkstätte Lichtenburg um eine neue Dauerausstellung ◆7 erweitert, die in drei ehemaligen Häftlingsschlafsälen präsentiert wurde und in das 1974 eröffnete Kreismuseum Schloss Lichtenburg integriert war. Bis auf wenige inhaltliche Veränderungen war diese Ausstellung bis November 2004 zu sehen, als der damalige Landrat des Landkreises Wittenberg als Träger der Mahn- und Gedenkstätte Lichtenburg sowohl das Kreismuseum als auch die Gedenkstätte schloss.

Die intensive und hitzige Debatte um die Zukunft der KZ-Gedenkstätte Lichtenburg, die bereits unmittelbar nach der Wiedervereinigung von zahlreichen Protagonist:innen, darunter Angehörige ehemaliger Inhaftierter, Opferverbände und Erinnerungsinitiativen, geführt wurde, nachdem die Bundesanstalt für Immobilienaufgaben die Bundesliegenschaft zum Verkauf ausgeschrieben und damit ein internationales Presseecho ausgelöst hatte, wurde mit der Schließung erneut entfacht.

Im Ergebnis vielfältiger zivilgesellschaftlicher und politischer Initiativen beschloss der Landtag von Sachsen-Anhalt im März 2006 nach einem sehr langen und teilweise auch unrühmlichen Prozess, die ehemalige Mahn- und Gedenkstätte Lichtenburg in die 2007 gegründete Stiftung Gedenkstätten Sachsen-Anhalt aufzunehmen. Im Dezember 2011 wurde die mit Unterstützung des Bundes und des Landes Sachsen-Anhalt neu gestaltete Gedenkstätte KZ Lichtenburg Prettin der Öffentlichkeit übergeben.

Die Gedenkstätte KZ Lichtenburg Prettin versteht sich heute als ein Ort des Gedenkens und des Erinnerns, ein Ort historischer und politischer Bildungsarbeit ◆8, ein Ort der Auseinandersetzung und der Reflexion sowie ein Ort des Sammelns und Forschens. Sie bietet ein umfangreiches und vielfältiges pädagogisches Angebot, das sich an Jugendliche und Erwachsene richtet.

◆7 Blick in die 1978 eröffnete Dauerausstellung.
© Sammlung Gedenkstätte KZ Lichtenburg Prettin

◆8 Projektarbeit mit Jugendlichen im Erdgeschoss der Dauerausstellung, Aufnahme 2014.
© Sammlung Gedenkstätte KZ Lichtenburg Prettin

NS-Gedenkstätten wie die Lichtenburg sind bei Weitem nicht selbstverständlich. Vielmehr sind es er- und umkämpfte Erinnerungsorte, die auch heute noch politischen Anfeindungen ausgesetzt sind. Auch ihre gesellschaftliche Relevanz ist keine Selbstverständlichkeit. Welche Bedeutung historische Orte wie die Lichtenburg für unser demokratisches Selbstverständnis haben und was wir aus der Auseinandersetzung mit der NS-Geschichte für unser heutiges Dasein ableiten, muss immer wieder gemeinsam reflektiert und neu verhandelt werden. Dabei sollten wir hinterfragen, wie teilhabend unsere Erinnerungskultur gestaltet ist ◆9, welche Perspektiven sichtbar sind und welche (Lebens-)Geschichten bis heute unerzählt bleiben.

◆9 Individuelles Gedenken: Kerzen und Blumen in einer Zelle des ehemaligen *Bunkers*, Aufnahme 2019
© Sammlung Gedenkstätte KZ Lichtenburg Prettin

## Der umkämpfte Erinnerungs- und Gedenkort

Nach dem Zweiten Weltkrieg übernahm die Rote Armee das Schloss Lichtenburg. In verschiedenen Bereichen des Schlossareals wurden zunächst Geflüchtete untergebracht.

Mit der Gründung der Landwirtschaftlichen Produktionsgenossenschaft (LPG) *Geschwister Scholl* im Februar 1952 in Prettin begann in den 1950er Jahren eine intensive landwirtschaftliche Nutzung des Schlosskomplexes, zu der auch die Einrichtung eines Getreide- und Gerätelagers sowie eines Maschinendepots gehörten. Selbst der ehemalige *Bunker*, der Ort physischen und psychischen Terrors im KZ Lichtenburg, wurde in diesem Kontext weitergenutzt: Das Volkseigene Gut Großtreben betrieb hier – ungeachtet der Vorgeschichte dieses spezifischen Ortes – eine Champignonzucht. Im Westflügel des Schlosses war ein Lehrlingswohnheim untergebracht, das bis 1990 bestand.

◆ 5
Frühes Gedenken in der Lichtenburg anlässlich der *Kampftage für den Frieden*, September 1947.
© Sammlung Gedenkstätte KZ Lichtenburg Prettin

◆ 6
Der ehemalige Appellplatz als Wirtschaftshof der LPG *Geschwister Scholl*.
© Sammlung Gedenkstätte KZ Lichtenburg Prettin

Am 8. Mai 1965 wurde im ehemaligen *Bunker* eine Mahn- und Gedenkstätte eingeweiht, die infolge eines Beschlusses der SED-Bezirksleitung Cottbus eingerichtet worden war. Dem waren bereits einige zivilgesellschaftlich getragene Gedenkveranstaltungen vorausgegangen, die das Schloss zusätzlich als kulturpolitischen Erinnerungs- und Gedenkort markierten. Bereits im September 1949 hatte die im Jahre 1947 gegründete Vereinigung der Verfolgten des Naziregimes anlässlich der *Kampftage für den Frieden* zu einem *Gedenktag für die Opfer des Faschismus im ehemaligen KZ Lichtenburg* eingeladen. Im Sammlungsbestand der Gedenkstätte KZ Lichtenburg Prettin überlieferte Fotos ◆5 zeigen eine dichte Menschenmenge auf dem Nordhof des Schlosses, jenem Hof, der während des Nationalsozialismus als Appellplatz genutzt worden war, sowie Transparente und Fotos ehemaliger Inhaftierter, die an der Außenfassade des Zellengebäudes angebracht worden waren. Dicht gedrängt standen die Menschen auch anlässlich der Eröffnung der Mahn- und Gedenkstätte am 8. Mai 1965 im Schloss Lichtenburg, inzwischen allerdings auf dem Südhof des Schlosskomplexes, da der Nordhof zu diesem Zeitpunkt bereits als Wirtschaftshof der LPG *Geschwister Scholl* ◆6 genutzt und in seiner historischen Bedeutung damit auch massiv überlagert wurde. Durch ein Relief des Dresdner Bildhauers Heinz Mamat, das verschiedene Szenen des KZ-Alltags versinnbildlicht, wurde im Zuge der Gedenkstättengestaltung ein Gedenkort auf dem Südhof des Schlosses definiert, an dem fortan Blumen und Gebinde niedergelegt werden sollten. An jenem Gedenkort fanden im Sinne des antifaschistischen Erziehungsideals beispielsweise auch feierliche Aufnahmen in die Freie Deutsche Jugend (FDJ) oder Vereidigungen von Wehrdienstleistenden der Nationalen Volksarmee (NVA) statt.

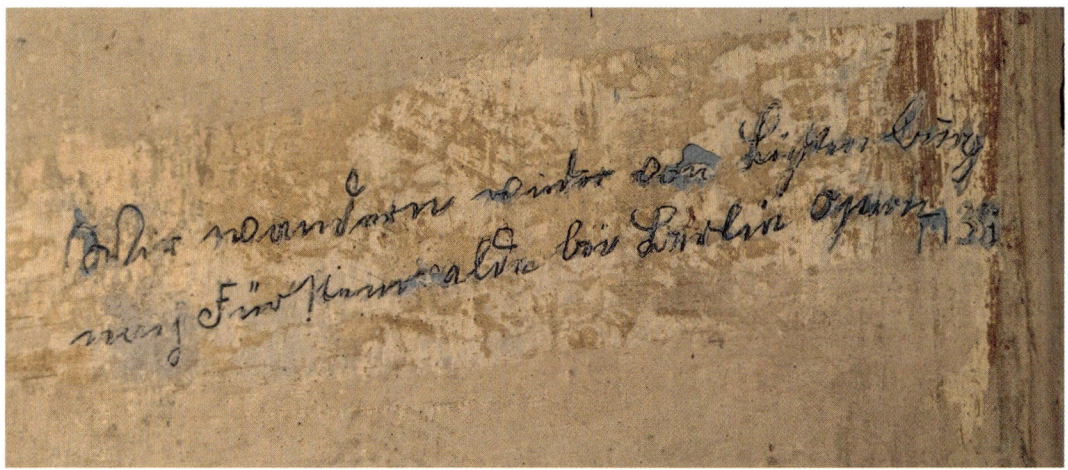

◆ 4
Eine Inschrift im ehemaligen *Bunker* zeugt von der bevorstehenden Auflösung des Frauen-Konzentrationslagers Lichtenburg: »Wir wandern weiter von Lichtenburg nach Fürstenwalde [gemeint ist Fürstenberg] bei Berlin Ostern, 39«, Aufnahme 2023.
© Sebastian Lehner / Kreatives

1.415 weibliche Gefangene wurden im Frauen-KZ Lichtenburg registriert, bevor das Lager im Mai 1939 infolge einer Anweisung aus der IKL aufgelöst werden sollte ◆3 + 4 und die Inhaftierten sowie Teile des Lagerpersonals in das neu errichtete KZ Ravensbrück verlegt wurden.

In der Folgezeit diente das Schlossareal zunächst als SS-Kaserne, später als SS-Versorgungslager und SS-Hauptzeugamt. Von September 1941 bis zum Kriegsende war auf dem Gelände ein KZ-Außenlager des Konzentrationslagers Sachsenhausen untergebracht.

Damit besitzt der Schlosskomplex Lichtenburg eine KZ-Geschichte, die nahezu die gesamte Zeitspanne nationalsozialistischer Herrschaft umfasst. Zudem spiegeln sich die Etappen der nationalsozialistischen Verfolgungspolitik in der Häftlingsgesellschaft wider: Waren es zunächst fast ausschließlich politische Gegner des NS-Regimes, die im Zuge der Etablierung der nationalsozialistischen Diktatur im Fokus der Verfolgungspolitik standen, kamen bald Personen hinzu, die aus rassistischen, religiösen und sozialhygienischen Gründen, wegen ihrer sexuellen Orientierung sowie als *asozial* Stigmatisierte verfolgt wurden.

Mehr als 10.000 Menschen waren in der Zeit von 1933 bis 1945 im KZ Lichtenburg inhaftiert. Unter diesen Menschen finden sich auch Olga Benario, Lotti Huber, Amalie Pellin, Waldfrieda Weiss und Lina Haag – fünf Frauen, die aus unterschiedlichen Gründen von den Nationalsozialisten verfolgt wurden und deren Lebensgeschichten sich mit dem Frauen-Konzentrationslager Lichtenburg überschneiden.

Für eine Vielzahl von SS-Männern und Aufseherinnen war die Lichtenburg ein Ort der Ausbildung, der Gewaltsozialisation und der Bewährung. Entsprechend ihres ideologischen Leitbildes bestimmten sie die Lebensbedingungen für die Gefangenen der Konzentrationslager im Schloss Lichtenburg.

Viele Personalverflechtungen innerhalb der SS, die das spätere System der Konzentrationslager maßgeblich prägten, gehen auf die Frühphase des Lagersystems und das KZ Lichtenburg zurück. Zahlreiche Karrierewege späterer Lagerkommandanten begannen bereits im Konzentrationslager Lichtenburg, das damit zu einem Ort wird, an dem systematischer Terror seinen Anfang nahm.

»Wenn ich an die Zeit im Konzentrationslager denke, habe ich alles wieder vor Augen«, schildert Lotti Huber in ihren Erinnerungen. »Welche Absurdität, welcher Wahnsinn, welche abgrundtiefe menschliche Schlechtigkeit, die ja damals noch gar nicht ihren Höhepunkt erreicht hatte.«[2]

2  HUBER, Lotti: *Diese Zitrone hat noch viel Saft! Ein Leben*, 7. Aufl., St. Gallen u. a. 1991, S. 32.

## Der historische Tatort

Nachdem der Schlosskomplex Lichtenburg ◆1 bereits von 1812 bis 1928 als Strafanstalt gedient hatte und damit die baulichen Voraussetzungen für die Unterbringung von Gefangenen geschaffen worden waren, ordnete der Merseburger Regierungspräsident der preußischen Provinz Sachsen auf der Suche nach Unterbringungsmöglichkeiten für verhaftete Regimegegner im Frühjahr 1933 die Verlegung von Gefangenen in die Lichtenburg an.

Am 12. Juni 1933 trafen die ersten männlichen *Schutzhäftlinge* ◆2 im Schloss ein. Zunächst als *Sammellager* für politische Gegner des Regimes eingerichtet, wurde das KZ Lichtenburg im Oktober 1933 als staatliches Konzentrationslager in Preußen bestätigt. Im Zuge einer Reorganisation des KZ-Systems und der damit einhergehenden schrittweisen Übernahme durch die SS überdauerte es die Frühphase des NS-Staates und nahm fortan eine Schlüsselposition im System der Konzentrationslager ein. Als Scharnier zwischen den frühen Konzentrationslagern und den ab 1936 errichteten Barackenlagern, die eine neue Entwicklungsstufe im KZ-System markieren, spiegelt die Lichtenburg auf eindrückliche Weise die Entwicklungsetappen des NS-Staates von seiner Frühphase zur Phase der Konsolidierung wider.

◆2
Inhaftierte auf dem Nordhof des Schlosses Lichtenburg, der als Appellplatz genutzt wurde, Aufnahme um 1935.
© Sammlung Gedenkstätte KZ Lichtenburg Prettin

◆3
Der ehemalige *Bunker* – Ort physischen und psychischen Terrors im KZ Lichtenburg, Aufnahme 2019.
© Sebastian Lehner/Kreatives

Nach der Auflösung des Männer-Konzentrationslagers Lichtenburg mit der Überführung der Inhaftierten in das KZ Buchenwald im August 1937 wurde im Dezember des gleichen Jahres ein Konzentrationslager für weibliche Gefangene eröffnet. Innerhalb der Inspektion der Konzentrationslager (IKL), einer ab 1934 tätigen Verwaltungszentrale der SS, intensivierte man im Herbst 1937 die Bemühungen, ein zentrales Frauen-KZ im Schloss einzurichten. Zwischen Dezember 1937 und März 1938 wurden die weiblichen Gefangenen der Schutzhaftabteilung des Provinzialwerkhauses Moringen in das KZ Lichtenburg verlegt, das damit zum ersten zentralen Frauenkonzentrationslager für das gesamte Reichsgebiet unter der Leitung der IKL werden sollte.

Transporte aus dem gesamten Reich folgten: »Wir werden zur Lichtenburg gebracht«, erinnert sich die Kommunistin Lina Haag. »Die Lichtenburg ist Torgaus alte Feste, eine mittelalterliche mächtige Burg mit vielen Türmen, weiten Höfen, dunklen Verliesen und endlosen Sälen, ein beängstigender Riesenbau mit machtvollen Mauern, keine lichte Burg, sondern das ideale KZ.«[1]

1  HAAG, Lina: *Eine Handvoll Staub. Widerstand einer Frau 1933–1945*, Frankfurt am Main 1995, S. 107.

Melanie Engler

# Die Lichtenburg – historischer Tat- und umkämpfter Erinnerungs- und Gedenkort

HISTORISCHE TATORTE DES NATIONALSOZIALISMUS führen uns ganz markant vor Augen, wozu Menschen fähig sind. Sie machen uns bewusst, wohin eine Gesellschaft sich entwickelt, die auf einer Ideologie der Ungleichwertigkeit basiert und die geprägt ist von rassistischen, antisemitischen, antiziganistischen, homo- und transfeindlichen, klassistischen und behindertenfeindlichen Anschauungen und Handlungen.

Sie sind zugleich Brenngläser der Geschichte; Linsen, durch die wir verschiedene gesellschaftliche Aspekte mikroskopisch betrachten können.

Sie können aber auch Spiegel sein, in denen wir uns selbst kritisch betrachten und verorten: nicht im Hinblick auf eine vermeintliche Selbstpositionierung in der Vergangenheit, sondern im Hinblick auf unser gegenwärtiges Dasein, unsere Rolle und Verantwortung im Hier und Jetzt.

Denn aus der Auseinandersetzung mit der Geschichte des Nationalsozialismus können wir grundlegende Orientierungspunkte für ein demokratisches, plurales und solidarisches Miteinander in der Gegenwart generieren.

Und genau darin liegt die Bedeutung von NS-Gedenkstätten wie der Lichtenburg.

◆ 1
Luftbild des Schlosskomplexes Lichtenburg, Aufnahme 1937.
© Privatsammlung Bernd Steinland

Erniedrige Dich nicht zum Schwein.
Was reinlich ist, das halte rein.
Man müßte sonst durch Disziplin
Zur Ordnungsliebe Dich erziehn.

◆ Über dem Bett aus Stein mit dem sogenannten Kissen aus Hartholz mussten die Gefangenen jene zynischen Verse an der Wand der Einzelhaftzelle lesen – wenn diese nicht während des Dunkelarrests

◆ Nach stundenlangem Stehen im sandigen Boden der Stehzelle wurde der Sand geprüft. Waren Spuren von Bewegung darin zu erkennen, folgte die nächste Bestrafung.
© Matthias Ritzmann

◆ Eine der Einzelhaftzellen im sogenannten Bunker. Das Fenster war üblicherweise verdunkelt.
© Matthias Ritzmann

◆ Blick in einen der ehemaligen Gefangenenschlafsäle direkt über den Frauengemächern im Schlosstrakt.
© Matthias Ritzmann

◆ Neben dem Eingang der Schlosskirche führt der Treppenaufgang in die historischen Frauengemächer und in die ehemaligen Schlafsäle der KZ-Gefangenen in der Etage darüber.
© Matthias Ritzmann

◆ Überreste des Maschinengewehrstandes. Von diesem Balkon aus brüllte SS-Hauptsturmführer Max Koegel seine Befehle zum Hofappell, während die Inhaftierten oft bei Eiseskälte ohne Unterwäsche und Schuhe stundenlang ausharren mussten.
© Matthias Ritzmann

◆ Dauerausstellung *Es ist böse Zeit* im Obergeschoss der KZ-Gedenkstätte.
© Matthias Ritzmann

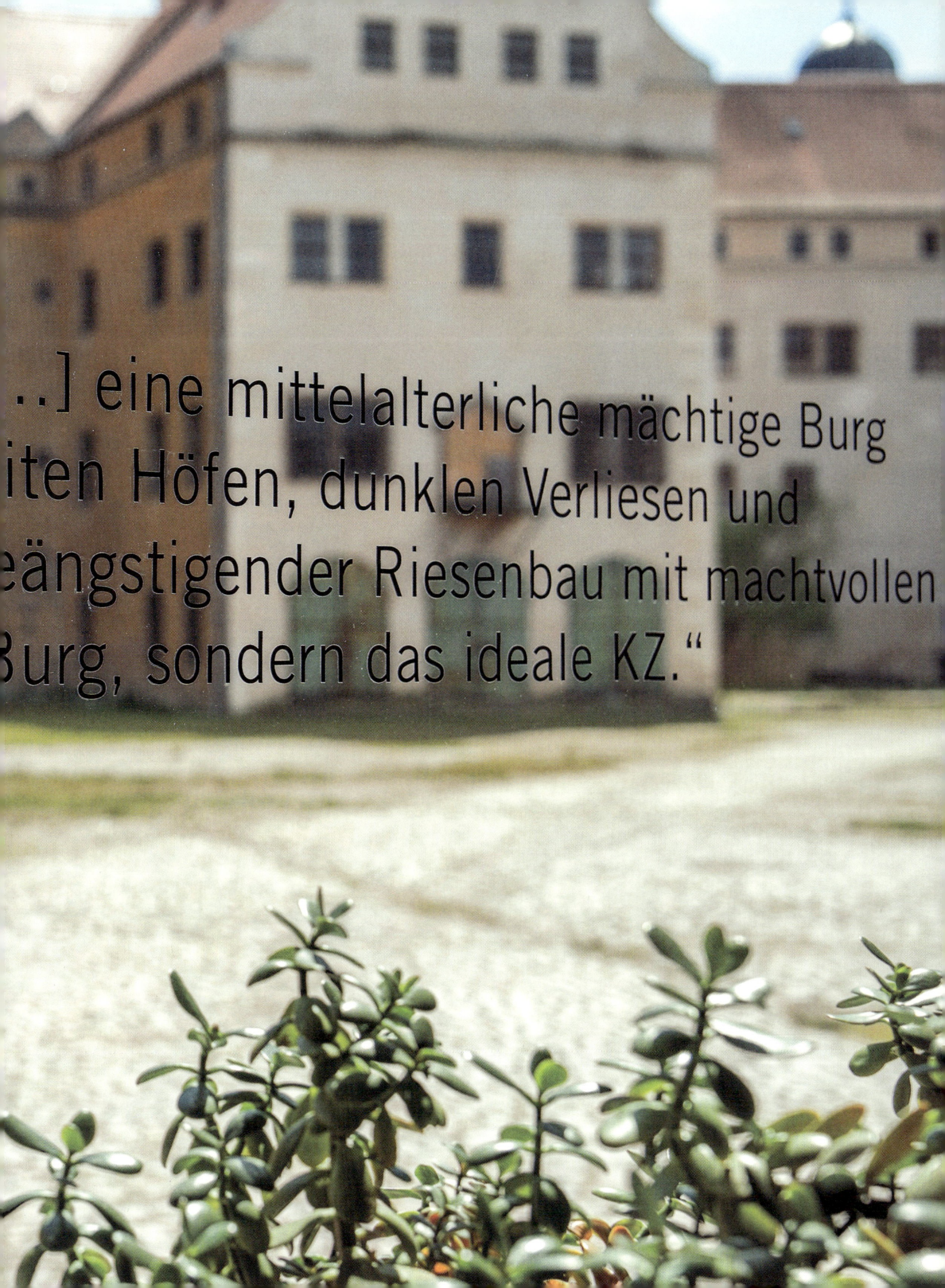

"[...] eine mittelalterliche mächtige Burg [mit wei]ten Höfen, dunklen Verliesen und [b]eängstigender Riesenbau mit machtvollen [...] Burg, sondern das ideale KZ."

„Die Lichtenburg is[t] mit vielen Türmen, endlosen Sälen, ein[en] Mauern, keine licht[en]"

Lina Haag

◆ Zitat der ehemaligen Inhaftierten Lina Haag aus ihren Erinnerungen *Eine Handvoll Staub*. Blick aus dem Foyer im Erdgeschoss des Dokumentationszentrums der heutigen Gedenkstätte auf den ehemaligen Appellplatz.
© Matthias Ritzmann

## Vorwort von Elke Büdenbender

IST ES DENKBAR, einen Menschen für Liebe, Glauben, Herkunft, Werte oder politische Überzeugung zu bestrafen? Wer hat das Recht zu urteilen, was dabei richtig und was falsch ist?

Was für uns heute undenkbar erscheint, hat vor mehr als achtzig Jahren die Grenzen des Undenkbaren überschritten. Das grenzenlose Leid, den Verlust von Alltag, geliebten Menschen und vor allem auch der Würde können wir nur erahnen, wenn wir die fünf im Folgenden porträtierten Frauen zu Wort kommen lassen.

Verrat, Erniedrigung, Stigmatisierung und Verlust haben diese starken Frauen nicht brechen können, so der Eindruck, wenn man ihre Geschichten kennenlernt. Ihre Überzeugungen und ihre Liebe hat man ihnen nicht nehmen können. Das zeugt von Stärke, ja, aber was passiert mit einem Menschen, der mit dem Bösen konfrontiert wird? Dem Unrecht widerfährt, das für uns heute schwer vorstellbar erscheint?

Die Geschichten dieser starken Frauen stehen exemplarisch für viele andere, die ihre Schrecken aus den Konzentrationslagern nicht mehr schildern konnten.

Zu viele konnten dem Tod nicht entfliehen. Zu wenige konnten den Schrecken entkommen oder wurden gerettet, weil man für sie kämpfte. Die Kraft zu haben, sich anschließend für das Überleben anderer einzusetzen, gleicht einem Wunder. Ebenso das Geschenk einer großen Liebe, die zwischen all dem Bösen und Leid ihren Weg fand.

Die Geschichten dieser fünf Frauen führen uns die Absurdität von Nationalsozialismus, Diktatur und Unrechtsstaat vor Augen. Wie dankbar können wir uns schätzen, in einer Demokratie zu leben. Wir dürfen lieben, wen wir wollen. Glauben an wen oder was wir wollen. Werte und Überzeugungen frei ausleben.

Welch' großer Schatz die Freiheit zur Selbstverwirklichung ist, führt uns die Erinnerung an diese bemerkenswerten Frauen vor Augen.

Deshalb dürfen wir nicht vergessen! Niemals!

Ihre

◆ Wegweiser der Erinnerung auf dem Südhof des Schlossareals Lichtenburg, gestaltet im Rahmen eines internationalen Workcamps. © Matthias Ritzmann für die Kunststiftung Sachsen-Anhalt

# Starke Frauen
### in der Lichtenburg

Herausgegeben
von Petra Reichenbach in Kooperation mit der
Stiftung Gedenkstätten Sachsen-Anhalt

mitteldeutscher verlag

*Bibliografische Information der Deutschen Nationalbibliothek:* Die Deutsche Nationalbibliothek registriert diese Publikation in der Deutschen Nationalbibliografie; detaillierte bibliografische Daten im Internet unter https://dnb.de. ◆ Alle Rechte vorbehalten. Das Werk ist urheberrechtlich geschützt. Jede Verwertung außerhalb der Freigrenzen des Urheberrechts ist ohne Zustimmung des Verlages unzulässig und strafbar. Das gilt insbesondere für Vervielfältigungen, Übersetzungen, Mikroverfilmungen und die Einspeicherung und Verarbeitung in elektronischen Systemen. ◆ *Konzeption, Recherche, Gestaltung, Satz und Illustrationen:* Petra Reichenbach ◆ *Großformatige Fotostrecken:* Matthias Ritzmann ◆ *Wir bedanken uns bei den Autor:innen* Elke Büdenbender, Melanie Engler, Lisa Lindenau, Robert Cohen, Ines Godazgar, Falk Bersch, Mario Franz, Jana Müller, Franzi Sessler und Ulf Dräger. ◆ *Lektorat:* Ines Janet Engelmann, Melanie Engler, Mitteldeutscher Verlag ◆ *Herstellung:* Mitteldeutscher Verlag ◆ 1. Auflage © 2023 mdv Mitteldeutscher Verlag GmbH, Halle (Saale), www.mitteldeutscherverlag.de ◆ Printed in the EU ◆ ISBN 978-3-96311-817-3

mitteldeutscher verlag

Wir wurden
zu oft gedukt,
um fern der
Hoffnung, aber
wir sind allein
um siehe sie —
noch das Erstehen
einer Achtung.

Lotti Huber (1912 – 1998)